Herausgeber: © Institutsverlag IDEA, Ing. Norbert Kapeller, Freistadt-Wien
Layout: Harald Hartl, 1. Auflage 2008

Druck: Plöchl Druck GmbH, Werndlstraße 2, 4240 Freistadt

Bildnachweis: Fotos Institutsverlag IDEA und mit freundlicher Genehmigung des VLÖ (Verband der volksdeutschen Landsmannschaften Österreichs), Bildarchiv, Steingasse 25, 1030 Wien

ISBN 978-3-9502566-0-4

INHALT

Geleitwort von

Dr. Michael Spindelegger

Zweiter Nationalratspräsident

Es ist mir als Mitglied des Nationalratspräsidiums eine Ehre und zugleich ein Anliegen, diese Publikation zur Dokumentation der Gedenkreisen österreichischer Abgeordneter im Jahr 2005 mit einem Geleitwort zu bedenken.

Ich verbinde dies mit meinem Dank an den Vertriebenensprecher der ÖVP, Abg.z.NR Norbert Kapeller, auf dessen Initiative hin die Vertriebenensprecher aller Parlamentsparteien gemeinsam mit Vertretern des Verbandes der volksdeutschen Landsmannschaften (VLÖ) im Jahr 2005 die heimatverbliebenen deutschsprachigen altösterreichischen Minderheiten in Ostmittel- und Südosteuropa besucht haben.

2005 war ein Gedenkjahr, 2008 ist wieder ein Gedenkjahr.

Insofern ist der Erscheinungstermin dieser Dokumentation in sich schlüssig. 2005 hatten wir mehrere Gedenktage zu begehen: Das Ende des Zweiten Weltkrieges, der Not und Elend über den Kontinent gebracht hat, jährte sich zum 60. Mal, das Erringen des Staatsvertrages, der Österreich die Freiheit zurückbrachte, zum 50. Mal. Erwähnenswert erscheint mir aber auch ein „kleines" Jubiläum des Jahres 2005, nämlich die damals zehnjährige Mitgliedschaft Österreichs bei der Europäischen Union. Gerade heute, wo uns vielerorts Desinformation und mediale Hysterisierung im Zusammenhang mit dem Friedensprojekt Europa begegnen, sollten wir nicht müde werden, die Bedeutung der europäischen Integration auch für die deutschen Minderheiten in den Nachfolgestaaten der Donaumonarchie zu betonen.

Heuer, im Gedenkjahr 2008, gedenken wir des Unterganges der Monarchie und der Ausrufung der 1. Republik vor neunzig Jahren. Die Entwicklungen der Nachkriegszeit des Ersten Weltkrieges mündeten in Österreich in der Verfeindung der politischen Lager und im Aufstieg eines Unrechtsregimes, das mit dem Einmarsch der Hitler-Truppen auch in Österreich an die Macht kam. Es folgte der Zweite Weltkrieg, der unfassbares Elend über Europa brachte. Nach 1945 gerieten die mittel- und osteuropäischen Staaten unter den Einfluss des Sowjetsozialismus, was für die deutschsprachigen Minderheiten in diesen Staaten weitere fatale Folgen hatte. Viele flüchteten vor den Repressalien der kommunistischen Machthaber nach Österreich, wo sie ihren Platz fanden und das Ihre dazu beigetragen haben, dass Österreich aus den Trümmern wieder erstanden und heute als wohlhabendes Land in die Mitte Europas zurückgekehrt ist.

Es ist Norbert Kapeller zu verdanken, dass sich das österreichische Parlament – und hier wiederum alle Fraktionen in partnerschaftlicher Weise – 2005 auch jener verstärkt erinnerte, die damals ihre Heimat nicht verlassen haben und die den Zerfall des Sowjetimperiums und des Eisernen Vorhangs von der anderen Seite aus miterlebt haben.

Heute sind manche dieser Länder bereits Mitglied der Europäischen Union, andere werden folgen. 2005 war es also höchste Zeit, die aktuelle Lebenssituation der deutschsprachigen Minderheiten in den Nachfolgestaaten der Donaumonarchie kennen zu lernen und sich auf die Spur dieser seinerzeit in der Donaumonarchie in einem Staat vereinten Minderheiten zu begeben. Nicht nur, um in die Vergangenheit zu blicken und Aufschluss über die Geschichte zu gewinnen, sondern auch und vor allem, um Kontakt zu den heutigen Nachfahren zu pflegen und jenen, die nach 1945 auf der kommunistisch orientierten Seite Europas standen, Österreichs Unterstützung anzubieten.

Die Länder, die im Rahmen der Gedenkreisen besucht wurden, waren über Jahrhunderte friedlich miteinander verbunden und wurden im 20. Jahrhundert durch negative Entwicklungen wie den Nationalismus auseinandergerissen. Am Ende der Entwicklung in den ersten drei Jahrzehnten des vorigen Jahrhunderts begann der Nationalsozialismus seinen Siegeszug. Er brachte Krieg, Not und Elend über den Kontinent und ab Mitte des vorigen Jahrhunderts, nach dem Zweiten Weltkrieg, standen sich unter dem Eindruck des Kalten Krieges in Europa zwei Blöcke gegenüber: Der kommunistische Osten unter dem Einfluss der Sowjetunion und der freie Westen. Österreich hat in dieser Zeit eine Brückenfunktion wahrgenommen, war in seiner gesellschaftlichen Ordnung aber immer westlich orientiert. In den 1980er Jahren brach der real existierende Sozialismus zusammen und die Staaten des Sowjet-Einflusses befreiten sich vom Joch des Kommunismus. Seit damals wächst Europa wieder zusammen, oder, um es ein wenig pathetischer auszudrücken: Es wächst zusammen, was zusammen gehört. Die Gedenkreisen sind auch in diesem Sinne zu verstehen.

Dr. Michael Spindelegger
Zweiter Präsident des Nationalrates

Geleitwort von

Univ.-Prof. Dr. Andreas Khol

Nationalratspräsident iR

Das Jahr 2005 sollte in Österreich als Bedenkjahr gestaltet werden: jährte sich doch zum 60. Male das Ende des 2. Weltkriegs und damit die Befreiung vom nationalsozialistischen Verbrecherstaat und die Errichtung der Nachkriegsordnung Europas. Auch des österreichischen Staatsvertrags 1955, der unserer Heimat wieder die volle Souveränität brachte, war zu gedenken. Im Brennpunkt des Bedenkjahrs standen Fragen und Klärungen zu Österreich selbst: war es nur Hitlers erstes Opfer, wie dies die Alliierten feierlich erklärten, oder war es selbst Täter und schuldig geworden. Ein neuer Konsens wurde erarbeitet, dass Österreich als Staat wohl Opfer und nur Opfer war, dass sich aber viele Österreicher und Österreicherinnen im Dienste des Nationalsozialismus schuldig gemacht hatten und die Republik Österreich daher Handlungsbedarf hat.

Staatsvertrag und Neutralität, beides im Jahre 1955 erreicht, waren gleichfalls Thema der öffentlichen Diskussion, und die Rolle des österreichischen Widerstands gegen Nationalsozialismus und Kommunismus.

Es war das Verdienst des oberösterreichischen Abgeordneten Norbert Kapeller von der Volkspartei, unser Blickfeld zu öffnen.

1945 war auch das Jahr der neuen Nachkriegsordnung in Europa, nach dem Ende des Krieges und der Wiedererringung der Freiheit der mittel- und osteuropäischen Staaten. Diese Republiken fielen bald alle dem Sowjetkommunismus des real existierenden Sozialismus zum Opfer. Damit war auch das Schicksal der österreichischen, deutschsprachigen Minderheiten in diesen Ländern, ein Erbe der alten Donaumonarchie, besiegelt. In den Jahren 1918 bis 1938 hatte sich für diese Altösterreicher unter dem Schutz des Völkerbundes und des Ständigen Internationalen Gerichtshofs eine eigene Rechtslage gebildet. Der Nationalsozialismus hat viele dieser „Volksdeutschen" instrumentalisiert und für seine Zwecke missbraucht. Mord, Gewalt, Flucht, Vertreibung, Verfolgung, Enteignung und Aussiedelung waren die grausamen Entwicklungen nach 1945. Der Kommunismus behandelte die deutschsprachigen Minderheiten mit eiserner Hand. Viele verließen ihre Heimat, in der sie hunderte Jahre ansässig waren. So kamen Hunderttausende auch nach Österreich: Siebenbürger Sachsen, Donauschwaben, Sudetenösterreicher, Gottscheer, Karpatendeutsche und andere Volksdeutsche. Gut ausgebildet, fleißig, kultiviert, und um ihr Hab und Gut gebracht. Sie haben wesentlich zum Aufbau unseres heute blühenden Landes beigetragen, sind zu geachteten und wichtigen Mitbürgern geworden. Ihre Interessensvertretung ist der Verband der volksdeutschen Landsmannschaften Österreichs (VLÖ).

Norbert Kapeller schlug nun vor, zusammen mit den Vertriebenensprechern aller im Parlament vertretenen Parteien und Vertretern des VLÖ in die Heimatländer dieser Volksgruppen zu reisen und die noch dort lebenden Altösterreicher zu besuchen. Eine ausgezeichnete Idee! Der Nationalratspräsident hat das geschäftsordnungsmäßige Recht und die Pflicht, den Nationalrat nach Außen zu vertreten. Im Rahmen dieser Pflicht kann er die Außenkontakte frei gestalten. Von diesem Recht machte ich gerne Gebrauch und stellte die notwendigen Budgetmittel und das Personal für diese Gedenkreisen zur Verfügung. Die Personen der Vertriebenensprecher (Abg. Norbert Kapeller (ÖVP), Abg. Werner Kummerer (SPÖ), Terezija Stoisits (Die Grünen) und Anton Wattaul (BZÖ)) boten die Gewähr, dass die Reisen im richtigen Geiste stattfinden würden: zukunftsgerichtet, partnerschaftlich, auf wechselseitige Information und Hilfe ausgerichtet, die altösterreichische Minderheit als Brücke zwischen Österreich und der neuen, alten Heimat zu verstehen. Die Reisen wurden zum Erfolg. Gut vorbereitet wurden die Siebenbürger Sachsen in Rumänien, die Banater Schwaben, die Gottscheer in Slowenien, die Sudetenösterreicher in Tschechien, die Karpatendeutschen und Zipser in der Slowakei, die Ungarndeutschen in Ungarn, die Donauschwaben in Kroatien und Serbien besucht. Eine Bestandsaufnahme und ein Neubeginn. In allen Ländern gab es freundschaftliche Gespräche, neue Beziehungen und gute Kontakte zu den staatlichen Parlamenten. Die Republik Österreich ist den Abgeordneten, ihren Mitarbeitern und Mitarbeiterinnen, den Botschaftern in den Partnerländern und vor allem dem Verband der volksdeutschen Landsmannschaften Österreichs zu Dank verpflichtet.

Zwei Personen sollen besonders vor den Vorhang gebeten werden: der Vorsitzende des VLÖ, DI Rudolf Reimann, und der Abgeordnete Norbert Kapeller, der sich zum spiritus rector des ganzen Unterfangens machte! Danke, und nicht locker lassen!

Univ.-Prof. Dr. Andreas Khol, *Nationalratspräsident iR*

Geleitwort von

DI Rudolf Reimann

Vorsitzender des Verbandes der volksdeutschen Landsmannschaften Österreichs (VLÖ)

Im Gedenkjahr 2005 besuchten die parlamentarischen Vertriebenensprecher im österreichischen Nationalrat die deutschen altösterreichischen Minderheiten in den Ländern Ostmittel- und Südosteuropas.

In insgesamt sechs Reisen wurden Ungarn, Serbien, Kroatien, Rumänien, Tschechien, die Slowakei und Slowenien besucht. Der Verband der volksdeutschen Landsmannschaften Österreichs (VLÖ) wurde eingeladen, diese Reisen in Zusammenarbeit mit dem österreichischen Parlament zu organisieren und die Abgeordneten zu begleiten. Der VLÖ konnte im Vorfeld der Vorbereitungen seine Kontakte zu den deutschen altösterreichischen Minderheitenorganisationen zur Verfügung stellen und mit deren wertvoller Hilfe rechnen.

Ich persönlich habe als Donauschwabe an der ersten Reise teilgenommen, die unsere Vertriebenensprecher nach Ungarn, Kroatien und Serbien führte. Während die Gespräche, die etwa im ungarischen oder slowakischen Parlament stattfanden, über die Parlamentsdirektionen organisiert wurden, bemühte sich der VLÖ um eine Kontaktaufnahme mit Vertretern der deutschen altösterreichischen Minderheiteneinrichtungen.

Der VLÖ wollte damit erreichen, dass die Vertriebenensprecher die Erfahrungen der deutschen altösterreichischen Minderheiten aus erster Hand erzählt bekommen, um sich ein objektives Bild über deren Lage nach dem Zusammenbruch der kommunistischen Regime in Europa zu machen. Diesen internen Unterredungen wohnten auch Lokalpolitiker wie Bürgermeister oder Stadträte bei. Zum Programm gehörte auch der Besuch der Gedenkstätten in Serbien, Kroatien, Tschechien oder in der Slowakei, die an das Leiden der Heimatvertriebenen erinnern. An allen diesen Orten legten die österreichischen Parlamentarier namens des österreichischen Nationalrats und zu Ehren der Opfer Kränze nieder.

Den Abschluss dieser Reisen bildete eine Veranstaltung im österreichischen Parlament, zu welcher der damalige Nationalratspräsident Dr. Andreas Khol einlud. Es wurde bei dieser Schlussveranstaltung auf die historische Verantwortung der Republik Österreich gegenüber den deutschen altösterreichischen Minderheiten in den Ländern Ostmittel- und Südosteuropas hingewiesen und erste konkrete Initiativen zur Umsetzung einer österreichischen Unterstützung vorgestellt.

Der VLÖ hat das neu erwachte Interesse der österreichischen Politik an den deutschen altösterreichischen Minderheiten mit großer Genugtuung zur Kenntnis genommen und wird sich weiterhin mit aller Kraft bemühen, in enger Zusammenarbeit mit den parlamentarischen Vertriebenensprechern einen Beitrag zum Wohl der deutschen altösterreichischen Minderheiten zu leisten.

Ich möchte abschließend in meiner Funktion als Bundesvorsitzender des VLÖ nochmals den Vertriebenensprechern für diese großartige Initiative danken und Herrn Nationalratsabgeordneten Norbert Kapeller, der die Parlamentarierdelegation auf allen Reisen leitete, meinen persönlichen Dank und Anerkennung aussprechen.

DI Rudolf Reimann, *Bundesvorsitzender des VLÖ*

Vorwort von
Ing. Norbert Kapeller
Abgeordneter zum Nationalrat
Initiator der Gedenkreisen

Nach einem Jahr in meiner Tätigkeit als Vertriebenensprecher der österreichischen Volkspartei wusste ich, dass sich diese politische Verantwortung nicht bloß auf Sonntagsreden bei diversen Gedenkveranstaltungen der Heimatvertriebenen in Österreich simplifizieren lassen kann, indem periodisch, aber immer wieder zu diesen Anlässen das Unrecht der Vertreibung angeprangert wird, aber dann eigentlich bis zur nächsten Gedenkveranstaltung über das Thema Vertreibung, Verlust der Heimat und Genozid nichts mehr zu hören ist.

Je mehr solcher sinnvollen und beeindruckenden Gedenkveranstaltungen ich als Festredner oder auch als Besucher beiwohnen durfte, so bewusster wurde mir, dass aktive Vertriebenenpolitik gefragt ist. Politik für Heimatvertriebene benötigt eine zweite Facette, nämlich die Politik für die heimatverbliebenen deutschsprachigen altösterreichischen Minderheiten in Ostmittel- und Südosteuropa, denn nur so ist Politik für Heimatvertriebene und die Funktion der Vertriebenensprecher keine Vergangenheitsbewältigung, sondern aktive Gestaltungspolitik für Gegenwart und Zukunft.

Beseelt von diesen Gedanken nutzte ich das Gedenkjahr 2005 zur Umsetzung der Idee einer Reise österreichischer Parlamentarier zu den deutschsprachigen altösterreichischen Minderheiten in die Staaten Ostmittel- und Südosteuropas, in die Nachfolgestaaten der ehemaligen Donaumonarchie. Die Reise sollte den Zweck haben, die Lebenssituation dieser Minderheit kennen zu lernen, mit politischen Verantwortungsträgern zusammen zu treffen und die historische Verantwortung Österreichs zu dokumentieren.

Es ist mir eine große Genugtuung, dass gerade im Jahr 2008 eine Dokumentation dieser parlamentarischen Reisen erscheint.

Zwei gute Gründe lassen diesen Erscheinungszeitpunkt gerade zu als den besten erscheinen:

Zum Ersten, weil sich 2008 der Untergang der Donaumonarchie zum neunzigsten Male jährt. Jenes Staatengebildes, von dem der Nationaltscheche Palacky in seinem berühmten Brief vom 11.4.1848 schrieb: „Wahrlich, existierte der österreichische Kaiserstaat nicht schon längst, man müsste im Interesse Europas, im Interesse der Humanität selbst sich beeilen, ihn zu schaffen."[1]

Und zum Zweiten, weil 2008 das Jahr ist, in welchem dieser historische Raum der Donaumonarchie in der heutigen staatlichen Gestalt innerhalb der europäischen Union mit der Schengenerweiterung vom 21.12.2007 grenzenlos zusammenwachsen kann.

Es besteht die Chance, dort fortzusetzen, wo vor neunzig Jahren alles aufgehört hat, denn der unseligen Geschichte von Krieg, Elend, Not, Rassen- und Nationalwahn und Vertreibung des 20. Jahrhunderts ist eine beinahe tausendjährige Geschichte vorangestellt, in der es ein friedliches Mit- und Nebeneinander der verschiedensten Nationen und Völker in Mittel-, Ostmittel- und Südosteuropa gegeben hat.

Das nun vorliegende Reisedokument soll Interessierten – besonders aber politischen Verantwortungsträgern – ein Randgebiet der österreichischen Innen- und Außenpolitik näher bringen. Vor allem soll aber Verständnis dafür geschaffen werden, dass viele Heimatvertriebene und jetzt im 21. Jahrhundert auch viele Heimatverbliebene berechtigt auf die Unterstützung der Republik Österreich und der Europäischen Union hoffen und warten.

Sechzig Jahre nach der Vertreibung und neunzig Jahre nach dem Zerfall der Donaumonarchie erlauben eine objektivere Reflexion des Geschehenen und einen begründeten Ausblick in eine gemeinsame europäische Zukunft in Mitteleuropa.

Abg.z.NR Ing. Norbert Kapeller
Initiator der Gedenkreisen

Planung der Gedenkreisen

Die Vorbereitungsarbeiten für die geplanten Reisen begannen in der ersten Jahreshälfte 2005 und beinhalteten neben der Erstellung von Routen, Zeitabläufen und der Eruierung von Gesprächs- und Ansprechpartnern auch die Überzeugungsarbeit innerhalb des Parlaments.

Nach Anlaufschwierigkeiten, Unstimmigkeiten und vielen Stunden des Überzeugens gab es schließlich zu Beginn der parlamentarischen Herbstarbeit 2005 Konsens zwischen den einzelnen Parteien, dass die Reise unter Beteiligung aller Vertriebenen- und Minderheitensprecher stattfinden kann. Gemeinsam mit dem Historiker Mag. Dr. Peter Wassertheurer und dem Parlamentarischen Mitarbeiter Harald Hartl (NR Ing. Norbert Kapeller) erstellten wir die Routen und Zeitabläufe. Es wurden die Obleute beziehungsweise Vorsitzenden der deutschen Minderheiten in den einzelnen Regionen kontaktiert, Gesprächspartner auf Seiten der Landsmannschaften wie auch der Politik gesucht und gefunden. Ein besonderer Dank gilt hier all jenen, die mit uns Geduld hatten. Insbesondere Botschafter Dr. Alexis Wintoniak hatte mit seinen Mitarbeitern vom internationalen Dienst in unserem Hause beste Vorbereitungen getroffen, damit uns in den verschiedenen Ländern auch politische Repräsentanten empfingen. Auch das Briefing durch Diplomaten des Außenministeriums war Wegbereiter für eine gelungene Initiative zu einem heiklen Thema. Ebenso hat uns der Verband der volksdeutschen Landsmannschaften in Österreich professionell und hilfsbereit unterstützt und uns viele wichtige Kontakte und Informationen zur Verfügung gestellt. Es war so die einmalige Situation herbeigeführt, dass eine gemeinsame Initiative des österreichischen Parlaments, Vertreter aller Parteien tief in die Materie der heimatverbliebenen und heimatvertriebenen deutschsprachigen Altösterreicher eintauchen ließ.

So starteten die Abgeordneten zum Nationalrat Mag.a Terezija Stoisits (Die Grünen), Anton Wattaul (BZÖ), DI Werner Kummerer (SPÖ) und Ing. Norbert Kapeller (ÖVP) eine Reise in die österreichische Vergangenheit und Zukunft gleichermaßen.

Die Zielsetzungen der Reisen

Diese wurden gemeinsam und in Abstimmung mit der Parlaments-direktion und dem Außenministerium definiert.

1.

Wahrnehmung der historischen Verantwortung Österreichs und Erinnern an die Entrechtung und Vertreibung der deutsch-sprachigen Altösterreicher

2.

Zusammentreffen mit Heimatverbliebenen, um so den Status Quo dieser Minderheit kennen zu lernen

3.

Gespräche mit den heute politischen Verantwortungsträgern, um länderspezifische Probleme zu erörtern und in einen zukunftsträchtigen Dialog einzutreten

Zu den Donauschwaben - 1. Etappe

Vom 12. bis 15.10.2005 ging es vier Tage durch Ungarn, Kroatien und Serbien. Wir legten 1.269 km zurück, um die historischen Siedlungsräume der Donauschwaben und die Menschen kennenzulernen. Subotica – einst Maria Theresiopel – in der Batschka (heute Nordserbien) zeigte sich abends so europäisch, wie wir es niemals vermutet hätten.

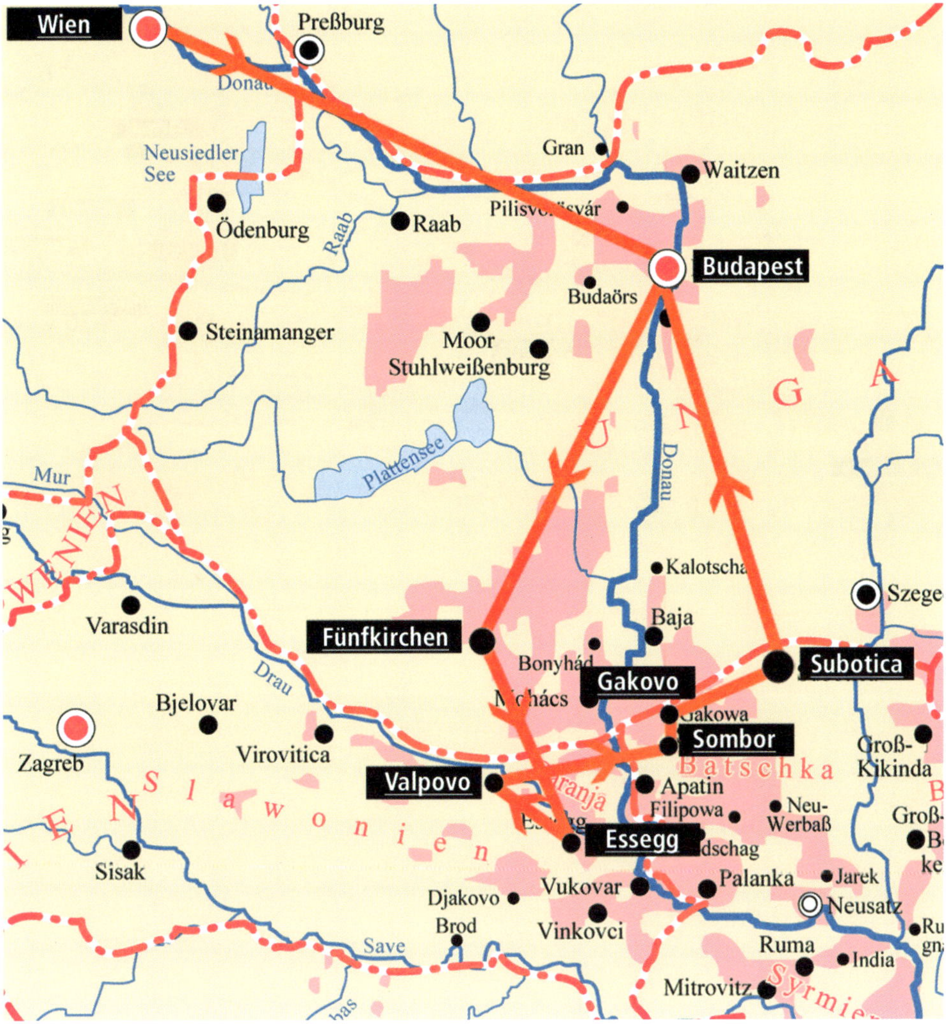

Zu den Karpatendeutschen - 2. Etappe

Die dreitägige Fahrt (28. bis 30.11.2005) führte uns quer durch die Slowakei. 1.228 km durch abwechslungsreiche Landschaften zeigten uns das weite Spektrum, das zwischen Pressburg und Kaschau möglich ist.

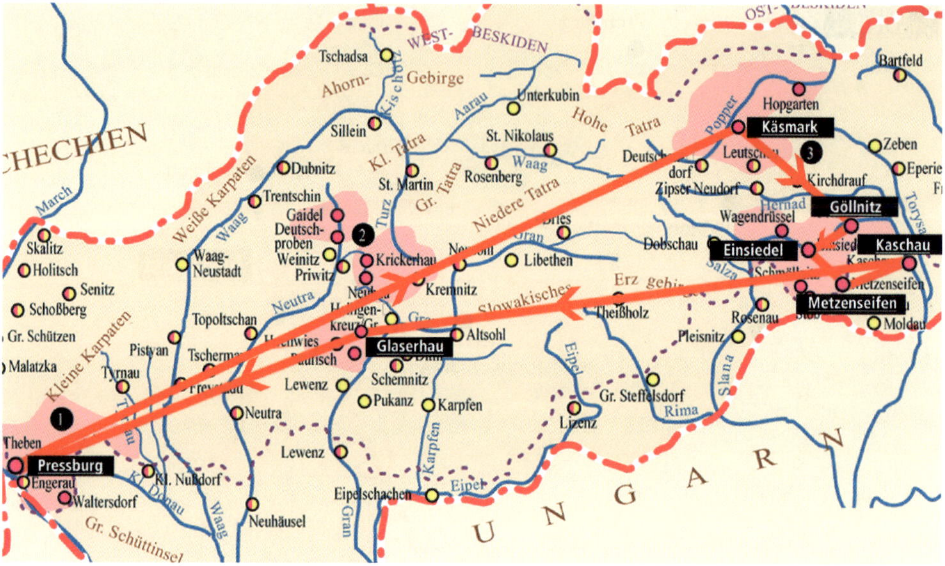

Zu den Siebenbürger Sachsen, Banater Schwaben und Landlern - 3. Etappe

Mit der Abendmaschine Wien-Temeschwar erreichten wir am 8. Jänner 2006 die Hauptstadt des rumänischen Banates, um dann drei Tage die schöne, aber auch traurige Geschichte der Banater Schwaben, Berglanddeutschen, Siebenbürger Sachsen und Landler näher zu erfahren.

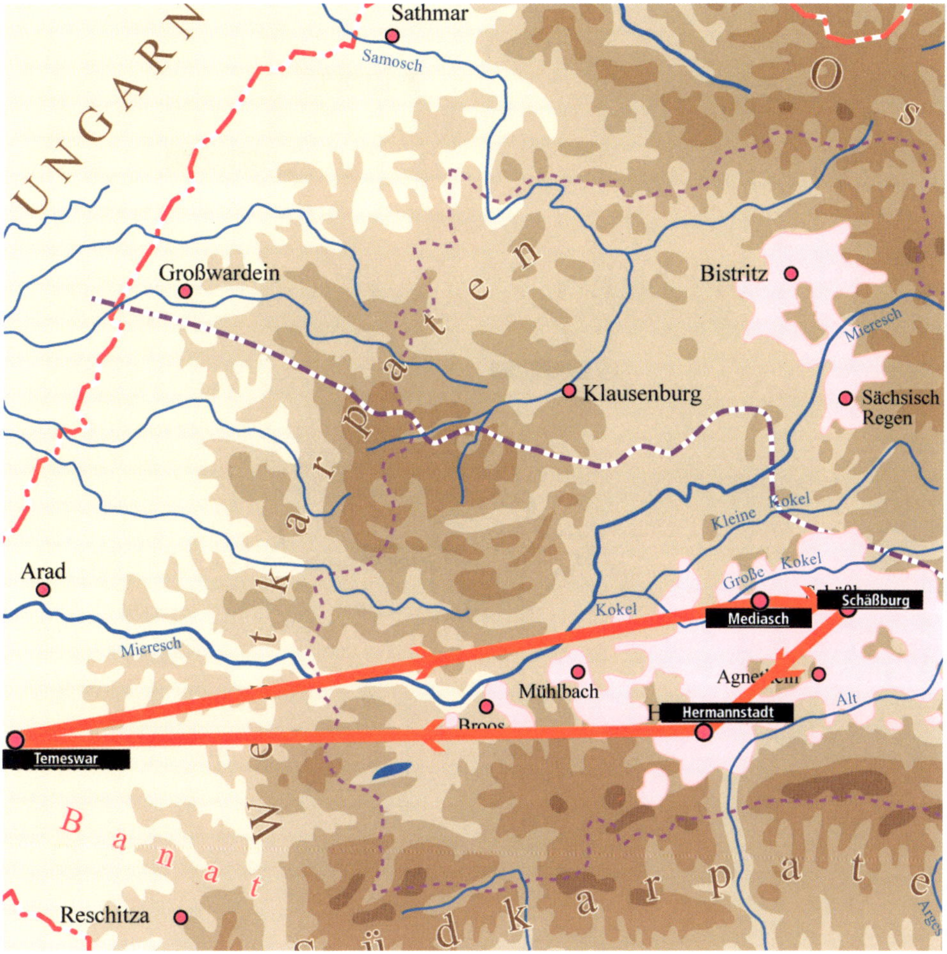

Zu den Untersteirern und Gottscheern
4. Etappe

Vom 20. bis 22. Februar 2006 lernten wir Siedlungsräume kennen, welche an Schönheit und Vielfalt kaum zu überbieten sind. Mediterranes Klima, Heilbäder, Waldlandschaften und Naturbelassenheit strahlen die Untersteiermark, das Miestal, das Abstaller Feld, die Gottschee und die Menschen dort aus.

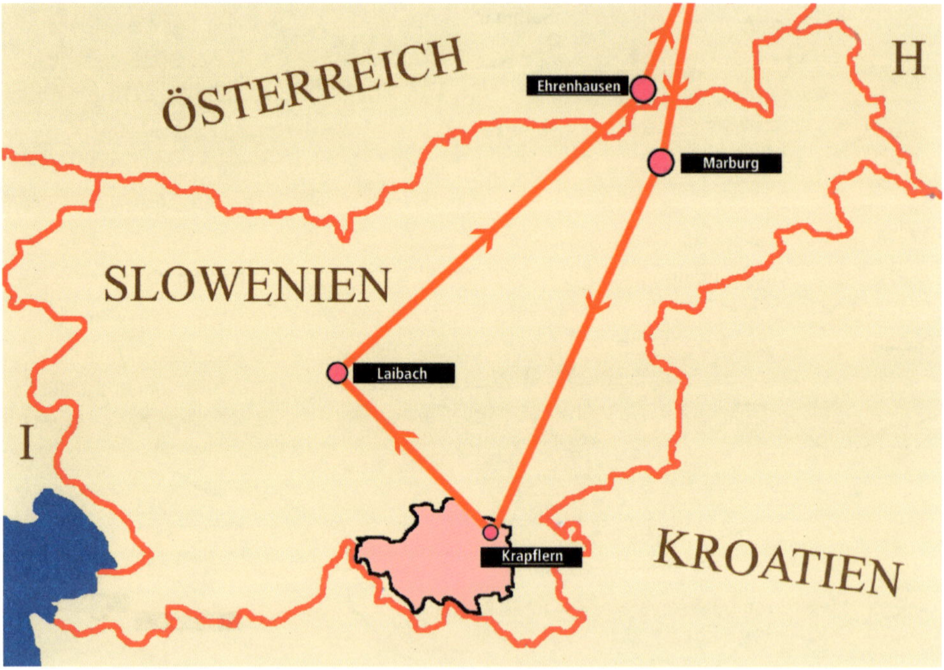

Die erste Reise zu den Sudetendeutschen - 5. Etappe

Vom 13. bis 14. März 2006 konfrontierten wir uns mit der ganzen Tragödie, die nationalsozialistischer Rassenwahn und Revanchismus in der ersten Hälfte des 20. Jahrhunderts zustande brachten - wir legten Kränze im Namen des österreichischen Parlaments in Lidice und Aussig nieder, um beider Opfergruppen zu gedenken. Die typisch altösterreichische - heute natürlich nordböhmische - Stadt Reichenberg verzückte uns ob der architektonischen Pracht, welche auf den Reichtum und Fleiß der ehemals sudetendeutschen Bevölkerung schließen lässt.

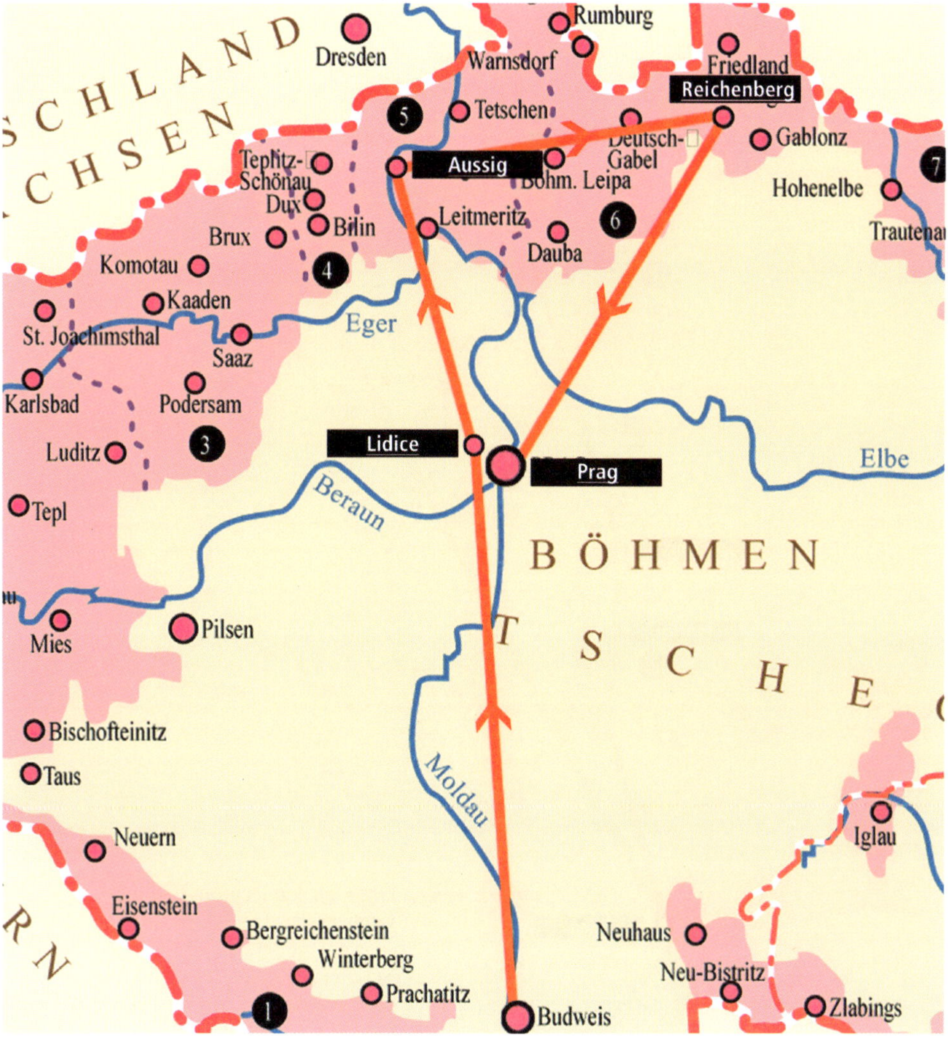

Die zweite Reise zu den Sudetendeutschen - 6. Etappe

Ende März (27. bis 28.3.2006) fuhren wir durch die sanften Weiten Südmährens über die Sprachinsel Brünn nach Nordmähren, um dann über den Altvater ins Schlesische überzusetzen. In nur vier Tagen erfuhren wir so die einzigartige Vielfalt des ehemaligen Siedlungsgebiets der Sudetendeutschen.

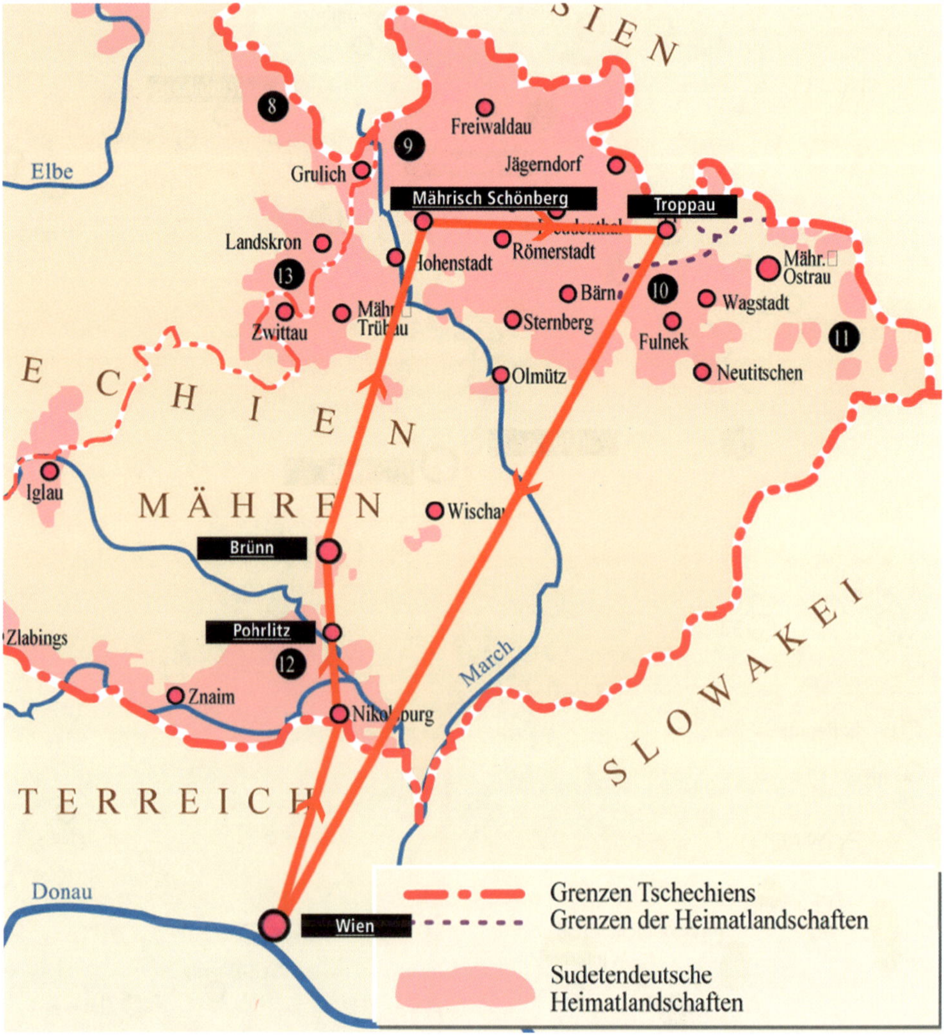

Die deutschsprachigen Altösterreicher in Ostmittel- und Südosteuropa - eine Bestandsaufnahme

Tschechien

Bei der im Jahre 2001 abgehaltenen Volkszählung in *Tschechien* bekannten sich 38.000 zur deutschen Minderheit. *Anmerkung:* In der Tschechoslowakei waren es bis 1945 3 Millionen Deutsche, davon knapp 150.000 auf slowakischem Gebiet.

Slowakei

Karpatendeutsche Siedlungsgebiete in der Slowakei

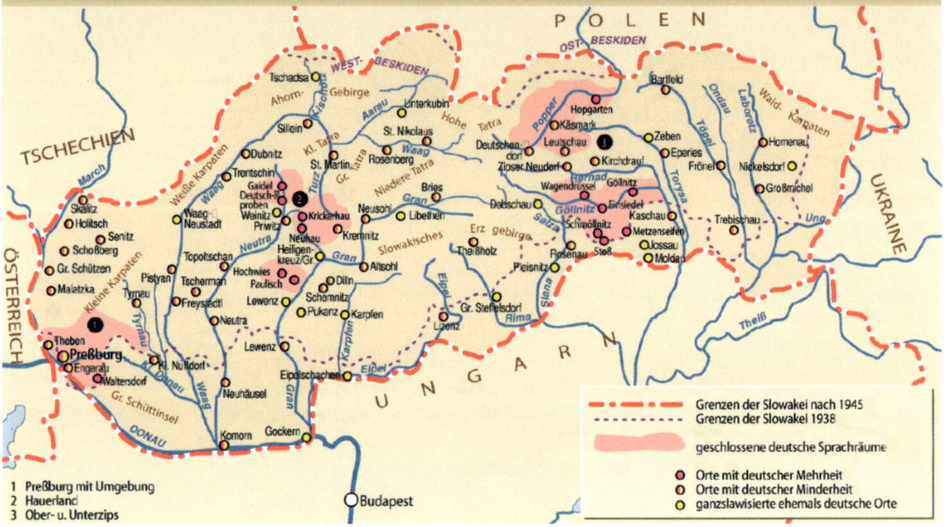

In der *Slowakei* waren es im Jahre 2001 5.000, nach Angaben der Minderheit aber bis zu 10.000.

Ungarn, Kroatien und Serbien

Donauschwäbische Siedlungsgebiete in Ungarn, Kroatien und Serbien

In *Ungarn* lebten 2001 analog der Volkszählung etwa 60.000 Deutschsprachige, nach Angaben der Minderheit aber mindestens 220.000 bis 250.000; in *Kroatien* waren es ca. 4.000 und in *Serbien* ca. 3.000 (nach Angaben der Minderheit aber 10.000 bis 12.000).

Anmerkung: Bei den 1,5 Millionen Donauschwaben gab es nach 1918 eine Dreiteilung: der Großteil mit 600.000 lebte in Ungarn (Budapest, Schildgebirge, Schwäbische Türkei), 450.000 bis 500.000 fielen Jugoslawien (Westbanat, Batschka, Syrmien, slowenischer Teil) zu; der Rest kam zu Rumänien (Ostbanat).

Polen und die Ukraine

Deutsche Siedlungsgebiete in der Bukowina

In *Polen* und in der *Ukraine* gibt es leider kaum noch Spuren der Beskiden- und der Buchenlanddeutschen.

Rumänien

In *Rumänien* lebten bis zum Ende des 2. Weltkriegs 360.000 Deutsche (vornehmlich Siebenbürger Sachsen, Donauschwaben um Sathmar, Berglanddeutsche, Dobrudschadeutsche an der Schwarzmeer-Küste und Landler; heute sind es ca. 17.000 Siebenbürger Sachsen und 40.000 Donauschwaben.

Slowenien und Italien

Die Untersteiermark und das Mießtal

In *Slowenien* bekannten sich 2001 ca. 3.000 Untersteirer und Gottscheer zur deutschsprachigen Volksgruppe; in *Italien* nahmen die Südtiroler und Kanaltaldeutschen nach dem 2. Weltkrieg eine gesonderte Entwicklung.

Heimatvertriebene in Österreich

Österreichs Innenminister Franz Olah erklärte in einem Sonderbericht an den österreichischen Nationalrat von 1964 „Zur Flüchtlingssituation 1945 bis 1961“, dass sich über 1,650.000 Flüchtlinge, Heimatvertriebene, Umsiedler und ´displaced persons´ (davon eine Million Fremdsprachige und 650.000 Deutschsprachige, davon mindestens 300.000 Volksdeutsche) in Österreich aufgehalten hatten. Im Vergleich dazu gab das vatikanische Auswanderungsbüro mit Stand vom 1. Oktober 1948 insgesamt 328.798 Volksdeutsche an, die auf österreichischem Staatsgebiet lebten. Auch Franz Honner, Abgeordneter der Kommunistischen Partei Österreichs (KPÖ), sprach am 10. Dezember 1949 im Nationalrat von 366.638 Volksdeutschen. Am 1. Jänner 1950 veröffentlichte das österreichische Innenministerium eine Anzahl von 353.932 Volksdeutschen in Österreich.

Von 353.932 ist schlussendlich auszugehen, welche als Flüchtlinge, Vertriebene und Heimatlose in den unmittelbaren Nachkriegsjahren in Österreich eine dauerhafte neue Heimat gefunden haben. Hinzu kommen noch etwa 150.000 deutschsprachige Altösterreicher, die in der Ersten Republik nach Österreich aus den ehemaligen Kronländern der Donaumonarchie zurückgewandert sind.

Die Zusammensetzung der Volksdeutschen nach Herkunftsländern zeigt folgende Verteilung: Bereits im Spätherbst 1944 waren 300.000 Donauschwaben aus dem jugoslawischen Raum und 60.000 Rumäniendeutsche (davon 40.000 Sachsen aus Nord-Siebenbürgen, 12.500 Banater Schwaben und 3.000 Sathmarer Schwaben) geflüchtet oder auf österreichisches Gebiet evakuiert worden. Nach dem Prager Aufstand Anfang Mai 1945 wurden rund 150.000 Sudetendeutsche aus den beiden deutschen Sprachinseln Brünn und Iglau sowie aus den südmährischen und südböhmischen Bezirken nach Österreich vertrieben. Dazu kamen noch die vertriebenen

Untersteirer, Gottscheer und die Buchenlanddeutschen. Fasst man diese angegebenen Zahlen zusammen, so lässt sich in einer groben Schätzung sagen, dass im Zeitraum Herbst 1944 bis Sommer 1945 mehr als 500.000 Volksdeutsche auf österreichisches Staatsgebiet flüchteten, evakuiert oder vertrieben wurden. Im Zeitraum von 1945 bis 1951 wurden davon rund 179.000 Volksdeutsche nach Deutschland repatriiert. Ebenso gab es eine Auswanderungswelle nach den USA, Kanada und Südamerika.

Die soziale und mentale Eingliederung in die neue Heimat wurde insofern gefördert, als der „Eiserne Vorhang" und die erlittene brutale Verfolgung durch kommunistische Regime den Gedanken an eine Rückkehr verboten und die Hoffnung auf eine Entschädigung schwinden ließen.

Der Aufbau einer neuen Existenz aus dem Nichts bildete die erste Sorge. 1956 markiert das Haupteinzugsjahr in die neuen „Häusln" - für die meisten bedeutete dies nachweislich zehn Jahre Barackendasein und Hausen in Notunterkünften. Die Kinder integrierten sich schnell, ebenso die jüngere „Erlebnisgeneration". Die ältere Erlebnisgeneration blieb emotional weitgehend an die alte Heimat gebunden, vielfach auch durch die Verfolgungserlebnisse und den Verlust ihrer Lebenswelt traumatisiert. Anders als bei den Holocaustopfern bilden sie, soweit überschaubar, leider kein humanitär orientiertes Forschungsobjekt.

Bei Paul Frings (Das Flüchtlingsproblem, 1951) findet sich eine brauchbare Aufteilung der Vertriebenen nach Bundesländern, welche in der nachstehenden Grafik illustriert sind.

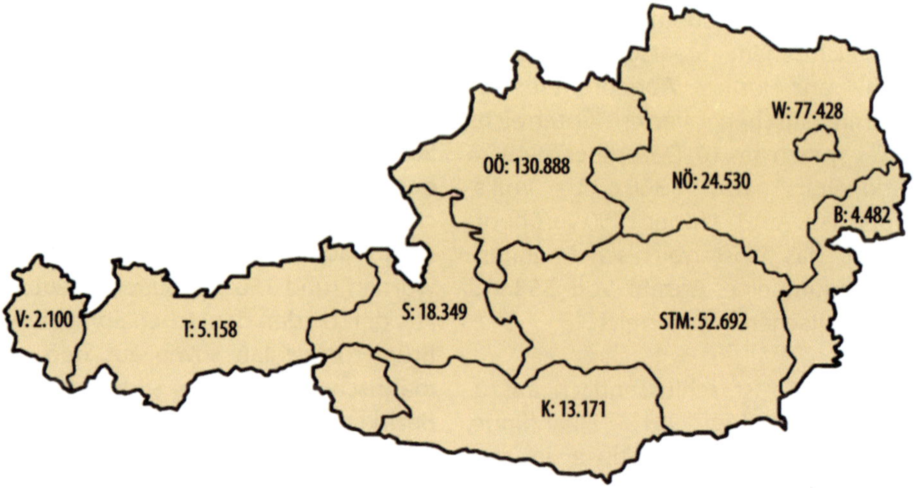

Der Verband der volksdeutschen Landsmannschaften Österreichs (VLÖ)

Bei einer der größten Kundgebungen der Heimatvertriebenen in Österreich, beim „Tag der Volksdeutschen" am 12. September 1954, der 30.000 Teilnehmer auf dem Linzer Hauptplatz vereinte, wurde die Gründung des „Verbandes der volksdeutschen Landsmannschaften" (VLÖ) im Rahmen der Großkundgebung proklamiert. Einzelne volksdeutsche Landsmannschaften oder Zentralberatungsstellen für die Heimatvertriebenen bestanden allerdings schon seit 1947/48.

Ausstellung der Heimatvertriebenen und Flüchtlinge 1952 in Salzburg - Bundeskanzler Figl mit Mädchen in sudetendeutscher und donauschwäbischer Tracht

Vor und nach Ende des 2. Weltkriegs erreichte ein gewaltiger Strom von volksdeutschen Flüchtlingen und Heimatvertriebenen Österreich. Sie kamen aus der Tschechoslowakei, aus Ungarn, Rumänien, Jugoslawien und Polen. Mindestens 350.000 fanden in Österreich Aufnahme, in einem Land, das ärgste Not litt, von den alliierten Mächten besetzt und in vier Besatzungszonen aufgeteilt war. Sehr bald formierten sich, aus der Not geboren und vom Willen zum Überleben getragen, Gemeinschaften der Heimatvertriebenen. In der Regel bildete die gemeinsame Herkunft das verbindende Element. Organisationen in Verbandsform erwiesen sich als notwendig, da die meist völlig mittellosen Heimatvertriebenen die vielfältigen Probleme, die sich vor ihnen auftaten, allein nicht bewältigen konnten.

Notwohnungen in den „Barackenstädten" galten lange Zeit als Sinnbild des Flüchtlingsschicksals

So galt es, im Interesse aller, die in Österreich bleiben wollten, eine drohende generelle Abschiebung zu verhindern, sah doch der Entwurf zum Staatsvertrag von 1947 in Art. 16 den Abtransport aller Volksdeutschen aus Österreich vor. Abseits dieser Diskussion galt es, die Familien wieder zusammenzuführen, die Wohnungsnot zu beheben, eine soziale, rechtlich abgesicherte Hilfestellung zu erlangen, die arbeitsrechtliche Gleichstellung anzustreben und die Einbürgerung zu erreichen.

Sehr bald zeigten sich die Vorteile dieser engen und guten Zusammenarbeit, zumal schon am 2. Juni 1954 vom österreichischen Parlament das „Optionsgesetz" beschlossen worden war, nach welchem jeder volksdeutsche Heimatvertriebene einfach und unbürokratisch im Wege einer Loyalitätserklärung österreichischer Staatsbürger werden konnte. Fortab liefen die Bemühungen um eine volle staatsbürgerliche und soziale Integration der Heimatvertriebenen in der Regel über den VLÖ. Im Wesentlichen war die Phase der arbeits- und sozialrechtlichen Integration der Heimatvertriebenen mit Ablauf der bis Juni 1956 verlängerten Optionsfrist für die Verleihung der österreichischen Staatsbürgerschaft abgeschlossen.

Ab dem Jahre 1957 zeichnete sich in der Tätigkeit des VLÖ ein neuer Schwerpunkt ab. Der VLÖ sah nun seine Hauptaufgabe darin, von Österreich und der Bundesrepublik Deutschland eine „Lastenausgleichsregelung" für die volksdeutschen Heimatvertriebenen zu erlangen, die in ihrem finanziellen Ausmaß dem bundesdeutschen *Lastenausgleich* entsprach. Der *Lastenausgleich* in der Bundesrepublik Deutschland war als finanzielle Initiative zur wirtschaftlichen Integration der Heimatvertriebenen angelegt, indem das verlorene Berufs- und Hausratsinventar entschädigt wurde. So forderte der VLÖ im November 1958 in einer Denkschrift eine solche Regelung für die Heimatvertriebenen in Österreich, und am 21. Januar 1959 fand zu diesem Thema eine Kundgebung des VLÖ im Auditorium Maximum der Wiener Universität statt. Nach intensiver Mitwirkung der Vertreter des VLÖ wurde am 22.11.1961 vom Parlament das „Auslandsrenten-Übernahmegesetz" (ARÜG) beschlossen, und am 27. November 1961 der Finanz- und Ausgleichsvertrag („Bad-Kreuznacher Abkommen") in Bonn unterzeichnet. Am 14. Dezember 1961 verabschiedete das Parlament das „Anmeldegesetz" betreffend Sachschäden, die durch Vertreibung entstanden waren, und am 13. Juni 1962 das „Umsiedler- und Vertriebenen-Entschädigungsgesetz" (UVEG) für Verluste des Hausrats- und Berufsinventars. Da sich die vermögenswirksamen Leistungen bei Vollzug dieses Gesetzes in den Folgejahren als vergleichsweise gering erwiesen, fand am 9. Mai 1966 eine Vorsprache des VLÖ bei Bundeskanzler Dr. Josef Klaus zwecks Erweiterung des „Kreuznacher Abkommens" statt, und am 21. März 1969 empfing dieser eine große Delegation des VLÖ zu Beratungen über den „Österreichischen Lastenausgleich". Zum gleichen Anliegen hatte der VLÖ am 28. September 1970 abermals, diesmal jedoch bei Bundeskanzler Dr. Bruno Kreisky, eine Vorsprache und überreichte ihm und den politischen Parteien am 14. Dezember 1970 eine Denkschrift in dieser Angelegenheit. Am 19. Mai 1972 wurde Bundeskanzler

Kreisky nochmals ein Memorandum des VLÖ zum Lastenausgleich in Österreich übergeben. All diese Bemühungen des Vorstandes des VLÖ, dessen Führung alle zwei Jahre zwischen der Sudetendeutschen Landsmannschaft, zunächst Emil Michel und später Emil Schembera und der Donauschwäbischen Arbeitsgemeinschaft, Valentin Reimann, wechselte, hatten jedoch keinen Erfolg. Im Laufe eines 25-jährigen Bemühens konnte demnach der VLÖ vermögenswirksame Leistungen von bloß rund einem Drittel dessen erreichen, was die Bundesrepublik Deutschland ihren Heimatvertriebenen an Ausgleichsleistungen zukommen ließ. Im Zuge einer parlamentarischen Anfragebeantwortung erklärte schließlich der damalige Bundeskanzler Bruno Kreisky im Mai 1982 die Frage weiterer Hilfeleistungen Österreichs an Heimatvertriebene und eine eventuelle Aufnahme von Verhandlungen mit der Bundesrepublik Deutschland um Erweiterung des „Bad Kreuznacher Abkommens" als hinfällig und die Gesamtfrage für erledigt.

Fortab trat das Anliegen eines „Österreichischen Lastenausgleichs" in der Arbeit des VLÖ merklich in den Hintergrund. Im Herbst 1983 übernahm Josef Koch, ein Sudetendeutscher (Südmährer), den Vorsitz des VLÖ. Sein Stellvertreter wurde Rudolf Reimann, Donauschwabe. Ihnen zur Seite stand der geschäftsführende Vorsitzende Julius Gretzmacher, ein Karpatendeutscher. Unter Kochs Ägide setzte sich die Überzeugung durch, dass die Interessensvertretung der volksdeutschen Heimatvertriebenen in Österreich neue Wege beschreiten müsse. Zu einem neuen Schwerpunkt des Wirkens des VLÖ ab dieser Zeit entwickelte sich das Anliegen der Erhaltung des Wissens um die Geschichte und die kulturellen Leistungen der Heimatvertriebenen sowie die Notwendigkeit der Pflege der ethnischen und kulturellen Eigenart der aus der Heimat vertriebenen deutschsprachigen Altösterreicher in der „neuen Heimat" Österreich. Und gerade aus der Sorge um die Erhaltung und Pflege der kulturellen Eigenart der Vertriebenen wurde von Josef Koch der Gedanke geboren, ein Kulturzentrum in einem eigenen „Haus der Heimat" zu schaffen. Die Finanzierung sollte aus jenen Geldern erfolgen, die von Landsleuten bei österreichischen Instituten vornehmlich ab 1939 hinterlegt wurden, deren rechtmäßige Eigentümer aber nicht mehr auffindbar und die daher der Republik Österreich anheimgefallen waren. Nach dem unerwarteten Tode Kochs am 7. Juli 1986 wurde der Karpatendeutsche Hannes Rest zum neuen Vorsitzenden des VLÖ gewählt. Ihm teilte der damalige Finanzminister Ferdinand Lacina in einem Schreiben vom 7. November 1988 mit, dass 210 Vermögensmassen von insgesamt 220 durch das Handelsgericht Wien mit einem Vermögenswert von 153.9 Millionen Schilling abgewickelt worden waren. Lacina fügte wörtlich hinzu: „Es wäre somit von finanzieller Seite die Bedeckung eines Betrages in dieser Höhe denkbar."

Mit dieser ermunternden Perspektive sah der VLÖ nunmehr den Weg frei, die Realisierung des „Kulturzentrums der heimatvertriebenen Altösterreicher deutscher Sprache“ in Angriff zu nehmen.

Die Zusammenarbeit gestaltete sich fortan sehr fruchtbar und führte schließlich zum parlamentarischen Entschließungsantrag vom 14. März 1990, in welchem die österreichische Bundesregierung ersucht wurde, die entsprechenden Schritte zur Errichtung eines „Kulturzentrums für die deutschsprachigen Altösterreicher“ in die Wege zu leiten. Nach dem Rücktritt von Hannes Rest wurde am 20. Februar 1993 Rudolf Reimann zum neuen Vorsitzenden gewählt.

Unter seiner Führung wurde nunmehr an die konkrete Realisierung des „Hauses der Heimat“ geschritten: Sonderausschüsse für Planung und Bau, Kultur und Finanzen wurden ins Leben gerufen, und nachdem weitere Mittel von Bund, Ländern und von den Landsleuten zur Verfügung gestellt wurden, konnten Umbau und Adaptierung des „Hauses der Heimat“ in Angriff genommen werden.

Die feierliche Eröffnung des Hauses fand unter Teilnahme des damaligen Parlamentspräsidenten und jetzigen Bundespräsidenten Heinz Fischer am 14. Dezember 1996 statt. Rund ein halbes Jahrhundert nach ihrem ersten Eintreffen in Österreich bekamen die Heimatvertriebenen ein eigenes Haus.

Das „Haus der Heimat“ in der Wiener Steingasse

Nach Fall des Eisernen Vorhangs wurde das Wohlwollen der Bundesregierung den Heimatvertriebenen gegenüber spürbar stärker. Das Kabinett Vranitzky ermöglichte durch seinen finanziellen Hauptbeitrag von 40 Millionen Schilling den Ankauf des Kulturzentrums in der Steingasse 25, 1030 Wien, und das Kabinett Schüssel I ermöglichte die Schaffung einer Privatstiftung von 100 Millionen Schilling, wobei aber nur die Ertragszinsen dem VLÖ zur Verfügung stehen. Ab 1989 galt und gilt es nunmehr verstärkt, von den Vertreiberstaaten bzw. deren Nachfolgern die moralische und wirtschaftliche Wiedergutmachung des an den Heimatvertriebenen begangenen Unrechts einzufordern. Es musste und muss in diesem Zusammenhang vehement die Aufhebung der rassistischen und diskriminierenden Dekrete und Beschlüsse wie jene des AVNOJ („Antifaschistischer Rat der Volksbefreiung Jugoslawiens“, Vorgänger des ersten Parlaments Jugoslawiens nach dem Kriege) und jene des ehemaligen Staatspräsidenten Edvard Beneš, ČSR, gefordert werden, welche die Grundlage der kollektiven Vertreibung waren und noch teilweise in Rechtsordnungen dieser Staaten bzw. ihrer Rechtsnachfolger enthalten – ja sogar neuerlich bestätigt – sind. Anderseits sieht sich der VLÖ nunmehr verstärkt in die Pflicht genommen, darauf zu achten, dass die Menschen- und Minderheitenrechte jener Landsleute, die noch in den alten Heimatländern leben, gewährleistet sind. An dieser Stelle gilt es, die österreichische Regierung dazu zu bewegen, den VLÖ in diesen seinen Bestrebungen nach besten Kräften zu unterstützen, um zukunftsweisende Regelungen zu ermöglichen.

Auf Anregung von Außenminister aD Alois Mock und mit Unterstützung des Landeshauptmannes aD von OÖ, Dr. Josef Ratzenböck, und dem VLÖ wurde eine bundesweite Erfassung der enteigneten Vermögenswerte durchgeführt.

Stets ein offenes Ohr für die Agenden der Vertriebenen und Verbliebenen - hier gemeinsam mit einer slowenischen Delegation und Abg. Kapeller: Bundeskanzler aD Dr. Wolfgang Schüssel

Sonderbeauftragter für diese Erfassung war Konsulent Anton Tiefenbach, Wels, Obmann des Verbandes der Donauschwaben in Oberösterreich. Damit wurde erreicht, dass das enteignete Vermögen nicht in Vergessenheit gerät und dass die österreichische Bundesregierung bei allfälligen künftigen Vermögensverhandlungen von konkreten Ziffern ausgehen kann. Die Parlamentsklubs der ÖVP, SPÖ und FPÖ ernannten in der Folge weitere Vertriebenensprecher, zu denen der VLÖ ebenfalls ein gutes und enges Verhältnis aufbauen konnte.

Die Geschichte der Heimatvertriebenen ist in den Medien unterrepräsentiert, wird in der schulischen Zeitgeschichte praktisch ignoriert, von der Politik großteils gemieden und ist in der Öffentlichkeit nahezu vergessen. Ein Indiz: im Gegensatz zu anderen Vertreibungsopfern wird den Opfern der Vertreibung der altösterreichischen Bürger aus den Gebieten der frühen Donaumonarchie weder vom Staate ein Denkmal errichtet, noch ihrer öffentlich in würdiger Art gedacht. Öffentlichkeit und Politik sollten den rechtlichen und moralischen Ansprüchen der heimatvertriebenen Altösterreicher deutscher Muttersprache jene Würdigung und Unterstützung zusichern, die dem heutigen Standard der viel und oft beschworenen „Humangesellschaft" entspricht. Bei der Eröffnungsfeier zum „Haus der Heimat" wurde gesagt, dass diese Einrichtung als Kultur-, Begegnungs- und Informationsstätte einen gesellschaftspolitischen Auftrag erfüllen soll. „Es soll die Kultur der deutschsprachigen Altösterreicher pflegen, die Erinnerungen an ihre Geschichte aufrechterhalten und über sie mit Besuchern und Tagungsteilnehmern einen lebendigen Austausch pflegen." Das Haus solle aber auch eine Dokumentations- und wissenschaftliche Forschungsstätte sein, die im Kontext der österreichischen Zeitgeschichte die kulturellen Leistungen der Vertriebenen in ihrer altösterreichischen Vergangenheit, die Geschichte von Flucht und Vertreibung und die Eingliederung in die neue Heimat Österreich, untersucht.

Der VLÖ hat in den letzten Jahren sein Netzwerk zu den deutschen Minderheitenorganisationen in den Ländern Ostmittel- und Südosteuropas erweitert und mit neuen Impulsen versehen. Seit 2001 veranstaltet der VLÖ in Zusammenarbeit das „Volksgruppensymposium der deutschen Minderheiten aus Ostmittel- und Südosteuropa", um die Kontakte zwischen den deutschen Minderheitenvertretern zu vertiefen. Das Symposium findet jährlich in einem der Heimatstaaten der deutschen Minderheiten statt und aktualisiert laufend Themen etwa aus den Bereichen Kultur, Minderheitenpolitik, Jugendarbeit, Bildung und Medien. Die Teilnehmer kommen aus Ungarn, Kroatien, Serbien, Slowenien, Rumänien, Tschechien, der Slowakei, Polen und der Ukraine.

In den letzten Jahren stellte das österreichische Unterrichtsministerium zwei Schulfilme her, die unter den beiden Titeln „Sudetendeutsche und Tschechen" bzw. „Geschichte der deutschen Volksgruppe in Südosteuropa" erschienen sind. Zu den Filmen wurden auch eigene schriftliche Unterrichtsbehelfe verfasst. Der VLÖ konnte im direkten Gespräch mit dem Unterrichtsministerium erreichen, dass Heimatvertriebene als Zeitzeugen über ihr eigenes Schicksal in österreichischen Schulen berichten dürfen und so eine wichtige Ergänzung zu den genannten Filmen darstellen. Der VLÖ wird in einem weiteren Schritt die Zusammenarbeit mit den österreichischen Schulbuchverlagen suchen, um zu erreichen, dass das Schicksal der Heimatvertriebenen und ihre Leistungen beim wirtschaftlichen Wiederaufbau Österreichs nach 1945 der österreichischen Jugend nahe gebracht werden. In diese Richtung zielt auch das Engagement des VLÖ in der aktuellen Diskussion zur Errichtung eines österreichischen Nationalmuseums, das unter der Bezeichnung „Haus der Geschichte" die republikanische Geschichte Österreichs der Öffentlichkeit im In- und Ausland vermitteln soll. Der VLÖ ist der Überzeugung, dass das Schicksal der Heimatvertriebenen ein Teil der österreichischen Zeitgeschichte ist und von der Wissenschaft auch als solches zu behandeln ist.

Die Donauschwaben

Donauschwäbische Siedlungsgebiete

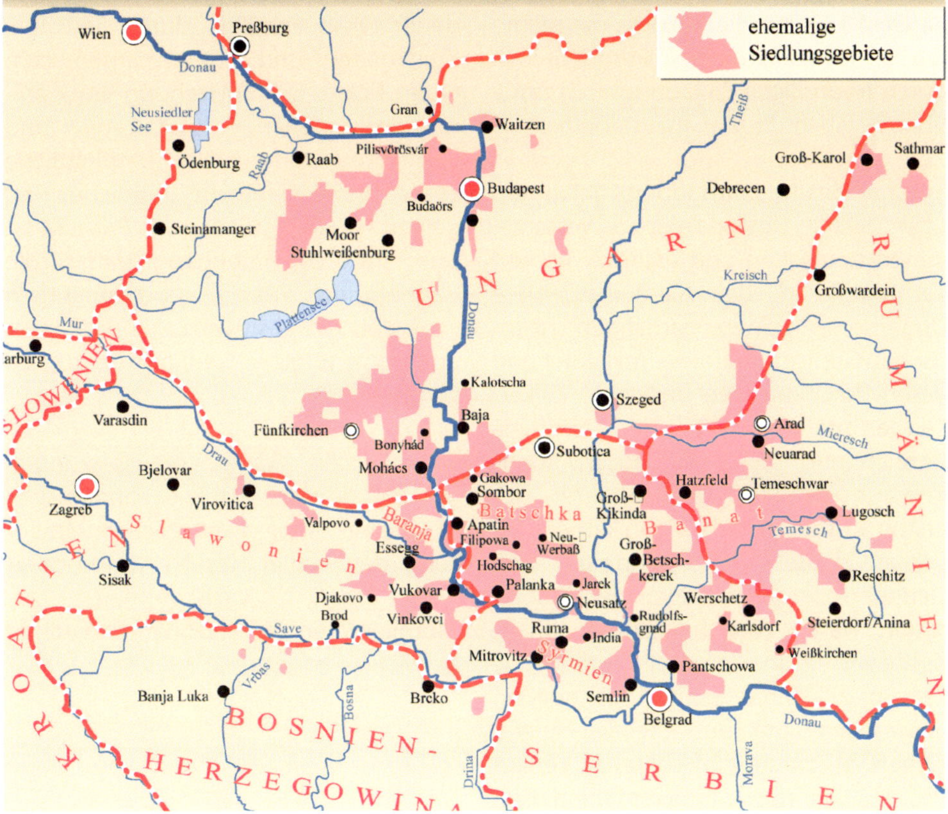

Die Geschichte

Die Niederlage des türkischen Heeres in der Schlacht am Kahlenberg (1683) führte nach dem Entsatz von Wien zur stufenweisen Zurückdrängung des osmanischen Herrschaftsbereiches und zur Befreiung des Donauraumes. Nach 160-jähriger Türkenherrschaft begann der Wiederaufbau der pannonischen Tiefebene. Noch mitten im Kriege wurde für die Erarbeitung von Vorschlägen eine Kommission eingesetzt, zu deren Spitze am 29. Juli 1688 Kardinal Kollonitsch (1613 -1707), damals Bischof von Raab (Györ), berufen wurde. Dieser legte das „Einrichtungswerk des Königreichs Ungarn in Sachen des status politici, cameralis et bellici" am 15. November 1689 Kaiser Leopold I. vor: „Vor allem die Wiederbevölkerung der volklosen Gebiete, besonders der neu erworbenen, sei anzustreben. Viele Menschen seien im Türkenkrieg, teils niedergehauen, teils fortgeschleppt worden." Das Primäre sei also die Populierung, denn „ubi populus ibi obulus" („Wo Volk, da Geld"). Es handle sich um die rechte Weise, das Land zu bevölkern, nämlich durch freundliche Einladung an fremde Völker, sich in Ungarn anzusiedeln.

Im Laufe des 18. Jahrhunderts gelangten über 150.000 Einwanderer aus verschiedenen deutschen und österreichischen Territorien in die Siedlungsgebiete Ungarns in seinen damaligen historischen Grenzen. Für diese Ansiedler und deren Nachkommen hat die Völkerkunde später (1922) die Stammesbezeichnung „Donauschwaben" geprägt, da viele Auswanderer der ersten Stunde aus Schwaben kamen, das damals zu den vorderösterreichischen Gebieten gehörte. Träger der Kolonisation waren zunächst private ungarische Grundherren, die deutsche Bauern auf ihren wüsten Ländereien ansiedelten, um aus diesen Nutzen ziehen zu können. Im späteren Verlauf des 18. Jahrhunderts nahm in diesen Abläufen die zentrale staatliche Planung des absolutistischen Zeitalters immer mehr eine Monopolstellung ein.

Die Einwanderungen, die sich über das ganze 18. Jahrhundert erstreckten, erreichten in den Jahren 1723 bis 1726, 1764 bis 1771, und 1784 bis 1787 drei Höhepunkte. Statt dem vermeintlich gelobten Land, wie es ihnen die Werber ausgemalt hatten, erwarteten die Einwanderer, vor allem in der Frühphase der Kolonisation, in der sumpfigen Tiefebene und in den Bergwerken und Schmelzbetrieben des Berglandes harte Lebensbedingungen, die Generationen hindurch Anforderungen an sie stellten, denen viele Familien durch Seuchen, Krankheiten und Entbehrungen zum Opfer fielen. Die Entstehung von zahlreichen neuen, sauberen und gepflegten Dörfern, eine beträchtliche Steigerung der landwirtschaftlichen und gewerblich-industriellen Produktion und, im Zusammenhang damit, die Vermehrung der Staatseinnahmen waren als ein positives Ergebnis konsequent verfolgter Siedlungspolitik zu verzeichnen.

So wurden die Voraussetzungen geschaffen, dass sich die pannonische Tiefebene unter wesentlicher Mitwirkung der Siedler des 18. Jahrhundert und ihrer Nachkommen zur „Kornkammer der Donaumonarchie" entwickeln konnte.

Donauschwäbische Siedler bei der Zuteilung der aus Lehm gestampften Häuser - Gemälde von Stefan Jäger

Die Einwanderer im Banater Bergwerksdistrikt waren zum größten Teil Bergleute, Schmelzer, Köhler, Forst- und Holzfachleute, die schon bald nach dem Ende der Türkenzeit und später ins Banater Erzgebirge gerufen wurden, um die darniederliegenden Kupfer-, Silber- und Eisenbergwerke sowie die dazugehörigen Hütten wieder in Betrieb zu setzen. Die meisten von ihnen kamen aus den österreichischen Alpenländern (Tirol, Steiermark, Oberösterreich und Kärnten). Durch ihre Pionierleistungen schufen sie die Grundlage für die Entstehung der größten Hütten- und Industrieregion Südosteuropas im 19. Jahrhundert mit Steinkohlenbergbau, sowie Montan- und Maschinenbauindustrie. Ihre Leistung kann der kolonisatorischen Arbeit der Bauern, die das versumpfte aber fruchtbare Land zu einer Kornkammer umwandelten, würdig an die Seite gestellt werden. Reschitz, Steierdorf-Anina, Franzdorf, Weidenthal, Wolfsberg und Lindenfeld sind oder waren die wichtigsten Ansiedelungen der vornehmlich aus dem steirischen und oberösterreichischen Salzkammergut sowie dem Böhmerwald stammenden Berg- und Forstleute.

Die Stadt Reschitz

Die wirtschaftliche und kulturelle Blütezeit lag im Besonderen in der zweiten Hälfte des 19. Jahrhunderts bis zum Ausbruch des I. Weltkrieges, obwohl nach dem Ausgleich 1867 das gesamte donauschwäbische Siedlungsgebiet zur ungarischen Reichshälfte gehörte und ein entsprechender Magyarisierungsdruck vorhanden war.

Nach der Zerschlagung Österreich-Ungarns im Jahre 1918 wurden die Heimatgebiete der Donauschwaben (ihre Zahl betrug zu jenem Zeitpunkt etwa 1,5 Millionen) ohne Beachtung des von Präsident Wilson für die europäische Neuordnung proklamierten Selbstbestimmungsrechtes der Völker zerrissen und mit jeweils ungefähr einem Drittel ihrer Volkssubstanz unter die Nachfolgestaaten Ungarn, Jugoslawien und Rumänien aufgeteilt. Als ein „Volk in drei Vaterländern" taten sie sich schwer, eine gemeinsame Identität zu finden. Sie mussten sich mit den neuen politischen Verhältnissen abfinden und in den jeweiligen Staaten ihre eigenen Wege gehen. Das anfängliche Entgegenkommen gegenüber den Donauschwaben schwand jedoch bereits nach wenigen Jahren. Die restriktive Schulpolitik, das mehrfache Verbot der deutschen Organisationen und andere Maßnahmen verschlechterten die volkspolitische Lage der deutschen Volksgruppe erheblich. Sie begann sich erst in den dreißiger Jahren, nach der Stärkung der internationalen Position des Deutschen Reiches, wieder zu bessern. Mitte 1939 erfolgte nach heftigen volksgruppeninternen Auseinandersetzungen die Ablöse der alten nationalkonservativen beziehungsweise national-liberalen Kulturbundführung durch die von nationalsozialistischem Gedankengut beeinflusste und von reichsdeutschen Stellen geförderte „Erneuerungsbewegung". Das Verhältnis der Masse der Donauschwaben zum Nationalsozialismus als Weltanschauung war uneinheitlich. Zwischen den wenigen ideologisch ausgerichteten, radikalen Anhängern und kompromisslosen, meist stark religiös orientierten, Gegnern gab es verschiedene Schattierungen: darunter solche, die meinten, das Eintreten für das eigene Volk sei schon Nationalsozialismus, weiters einfache Bewunderer Hitlers infolge seiner politischen Erfolge, aber ohne Bindungen an seine Ideologie, und schließlich die Skeptiker, die sich unentschlossen distanziert verhielten.

Eine original donauschwäbische Stube

1942, 1943 und 1944 wurde die ungarische und kroatische - 1943 die rumänische - Regierung unter Druck gesetzt, mit dem deutschen Reich zwischenstaatliche Abkommen zu schließen, in denen diese Staaten zustimmten, dass ihre deutschstämmigen wehrfähigen Bürger zum deutschen Heer, vornehmlich aber zur Waffen-SS, eingezogen werden konnten. Um völkerrechtlich gedeckt zu sein, deklarierte die SS-Führung die Rekrutierungen als Freiwilligen-Aktionen und erklärte die Soldaten zu deutschen Staatsangehörigen.

Nach dem Rückzug der deutschen Wehrmacht wurden gemäß Beschluss des von den Tito-Partisanen dominierten „Antifaschistischen Rates der Volksbefreiung Jugoslawiens" (AVNOJ) vom 21. November 1944 alle Jugoslawiendeutschen aufgrund einer Kollektivschuldzuweisung pauschal zu Volksfeinden erklärt, ihnen die Bürgerrechte entzogen und ihr gesamtes Vermögen konfisziert. Ebensolches geschah in Ungarn und Rumänien.

Alle nutzten die Gunst der Stunde, sich der deutschen Minderheit zu entledigen. Dieser Beschluss hatte für sie weit reichende und katastrophale Folgen. Im Herbst 1944 befanden sich etwa 195.000 Donauschwaben im Herrschaftsbereich des kommunistischen Partisanenregimes. Sie waren nicht in der Lage gewesen, zu flüchten oder hatten es im Vertrauen auf eine gerechte Behandlung abgelehnt, die Heimat zu verlassen. Zu einem erheblichen Teil waren es Frauen, Kinder und alte Leute. In einem Klima der maßlosen Wut und des blinden Zorns entlud sich auf sie das in den Kriegsjahren aufgestaute Rachepotential der jugoslawischen Partisanenbewegung. Ein Drittel der

Wehrlosen, 60.000 Personen, überstanden die im Oktober 1944 einsetzenden Erschießungsaktionen und die katastrophalen Internierungsbedingungen in den Arbeits- und Todeslagern (1944-1948) nicht. Als nach der Katastrophe des Winters 1945/46 Jugoslawien die überlebenden Donauschwaben nach Deutschland abschieben wollte, vom Alliierten Kontrollrat in Berlin dies aber abgelehnt wurde, lockerten die Verantwortlichen zwischen Herbst 1946 und Herbst 1947 die Lagerbewachung: die Flucht von etwa 35.000 Personen über Ungarn in den Westen wurde möglich. Aus diesen Überlebenden, aus den schon 1944 Geflüchteten bzw. Evakuierten, sowie aus entlassenen Kriegsgefangenen, Russlandheimkehrern und „Spätaussiedlern" der 1950er Jahre rekrutieren sich jene geschätzten 120.000 Donauschwaben, die um die Zeit des Staatsvertrages in Österreich endgültig eingebürgert wurden.

Der Hauptplatz von Temeswar

Ihre „alte Heimat" liegt heute im rumänischen Banat (Zentrum: Temeswar), in der zu Serbien-Montenegro gehörenden teilautonomen Provinz Wojwodina (Hauptstadt: Neusatz (Novi Sad)) und im nordostkroatischen Slawonien mit den Zentren Essegg (Osijek), Djakovo, Vukovar und in der so genannten Schwäbischen Türkei mit dem Zentrum Fünfkirchen (Pécs).

Gedenkreise zu den Donauschwaben in Ungarn, Kroatien und Serbien - *1. Etappe*

Datum: 12. bis 15. Oktober 2005

Distanz: 1.269 km

Teilnehmer:

NR Ing. Norbert Kapeller (ÖVP)
NR DI Werner Kummerer (SPÖ)
NR DI Dr. Wolfgang Pirklhuber (Die Grünen)
DI Rudolf Reimann (VLÖ)
Mag. Dr. Peter Wassertheurer (VLÖ)
Harald Hartl (Parl. Mitarbeiter)

Reiseprotokoll

12. Oktober 2005

Die Reiseteilnehmer fuhren frühmorgens mit einem Kleinbus nach Budapest und trafen mit ungarischen Politikern in Begleitung von Mag. Georg Kilzer (österreichische Botschaft), Otto Heinek (LdU, Landesselbstverwaltung der Ungarndeutschen), sowie mit Rev. Laszlo Donath (Vizevorsitzender des ungarischen Menschenrechts- und Minderheitenkomitees) im Abgeordnetenhaus in Budapest zusammen.

Die Delegation im ungarischen Parlament

Als Ziel wurde eine gemeinsame, über die Menschenrechtsausschüsse erarbeitete, Resolution der Parlamente Österreichs, Deutschlands und Ungarns hinsichtlich der Aufhebung der Beneš-Dekrete definiert. Die Delegation aß später im Haus der Ungarndeutschen zu Mittag und fuhr anschließend nach Fünfkirchen (Pécs) in die so genannte Schwäbische Türkei weiter.

Zusammentreffen im Nikolas-Lenau-Haus in Fünfkirchen

Die Delegation bezog dort das Hotel und traf am Abend mit Ing. Imre Somogyvari (Honorarkonsul der Republik Österreich) und den Repräsentanten des donauschwäbischen Kulturvereins Lorenz Kerner (Vorsitzender des Nikolaus-Lenau-Kulturvereins) und Jozsef Erb (Magyar Demokrata Fórum) im Nikolaus-Lenau-Haus zusammen.

Der Blick auf Fünfkirchen

13. Oktober 2005

Die Reiseteilnehmer brachen am frühen Morgen aus Fünfkirchen nach Essegg (Osijek), Kroatien, auf und trafen dort mit dem Abgeordneten der Nationalminderheiten Dipl. Jur. Nikolaus Mak, Vladimir Ham (Vorstandsmitglied der VDG, Volksdeutsche Gemeinschaft der Donauschwaben in Kroatien), Renata Tischler und Zorislav Schönberger (beide VDG) zusammen und hielten eine gemeinsame Pressekonferenz.

Am Nachmittag empfing der Bürger meister von Walpach (Valpovo), Radoslav Juric, mit Gemeindevertretern die Delegation, die anschließend im ehemaligen Internierungslager für Donauschwaben einen Kranz niederlegte.

Diese Kranzniederlegung war historisch und wurde auch entsprechend im kroatischen Fernsehen gesendet, da zum ersten Mal seit der Vertreibung, Internierung und Vernichtung der Donauschwaben das offizielle Österreich an dieser Stätte der Toten gedachte.

Kranzniederlegung in Valpovo

Als donauschwäbisches Kind im Lager Valpovo;
Bild unten: Im Gespräch mit Abg. Nikola Mak

Am Abend fand ein weiteres Treffen mit kroatischen Politikern statt: Zlatko Kramaric (Bürgermeister von Essegg), Gordan Matkovic (Vizebürgermeister von Essegg), Anto Dapic (Kroatische Partei des Rechts) und DI Daniel Srb (Klinik Osijek) nahmen an diesem Empfang teil.

14. Oktober 2005

Die Delegation reiste am Morgen nach Sombor (Serbien) ab und traf mit Anton Beck, dem Vorsitzenden des Deutschen Volksverbandes für Sombor und Umgebung, zusammen.

Bei den Donauschwaben in Sombor

Am späteren Vormittag lud der Bürgermeister der Stadt Sombor, Goran Bulajic, die Delegation zusammen mit der Gesandten der österreichischen Botschaft in Belgrad, Frau Dr. iur. Anna Jankovic, und serbischen Vertretern in das Rathaus der Stadt Sombor und später zu einem gemeinsamen Mittagessen. Am Nachmittag fand an der Gedenkstätte Gakovo eine weitere Kranzniederlegung statt. Die Delegation reiste anschließend nach Maria-Theresiopel (Subotica) weiter und traf dort mit

Abg. Kapeller an der Gedenkstätte Gakovo

Vertretern des deutschen Volksverbandes, Rudolf Weiss und Gence Mandler Laslo, zusammen. Am frühen Abend gaben die Delegationsteilnehmer Interviews im Rahmen einer halbstündigen deutschsprachigen Sendung im Regionalradio von Subotica. Später bezog die Delegation das Hotel und genoss nach dem Abendessen einen ausgiebigen Stadtrundgang. Am Folgetag reiste die Delegation wieder Richtung Österreich ab.

Gedenkreise zu den Donauschwaben im rumänischen Banat

Datum: 8. bis 11. Jänner 2006
Distanz: 1.269 km

Teilnehmer:
NR Ing. Norbert Kapeller (ÖVP)
NR DI Werner Kummerer (SPÖ)
NR Mag.a Terezija Stoisits (Die Grünen)
NR Anton Wattaul (BZÖ)
Dr. Fritz Frank (Siebenbürger Sachsen in Ö)
Mag. Dr. Peter Wassertheurer (VLÖ)
Harald Hartl (Parl. Mitarbeiter)

Reiseprotokoll

08. Jänner 2006

Am späten Abend flog die Delegation von Wien-Schwechat nach Temeswar/Timisoara, landete dort kurz nach Mitternacht und bezog das Hotel.

09. Jänner 2006

Am Morgen fand ein Treffen mit Vertretern des Demokratischen Forums der Deutschen im Banat und dem Demokratischen Forum der Banater Berglanddeutschen im Adam-Müller-Guttenbrunn-Haus, unter anderem mit Dr. Karl Singer (Vorsitzender des Demokratischen Forums der Deutschen im Banat) und Josef Tigla, dem Vorsitzenden der Berglanddeutschen, statt.

Die Delegation zu Gast in Temeswar

Die Parlamentsdelegation erhielt eine ausführliche Führung durch das Müller-Guttenbrunn-Haus, in dem auch ein gut ausgestattetes Altenheim Platz findet. In der anschließenden Besprechung wurden Themen wie Lehreraustauschprogramme und Schulpartnerschaften angestrebt.

In der Heimatstube des Adam-Müller-Guttenbrunn-Hauses

Die Versorgung mit deutschsprachigen Schulbüchern, Zeitungen und anderen Periodika mit aktuellem zeitgeschichtlichen Inhalt soll von österreichischer Seite vermehrt unterstützt, verbessert und sichergestellt werden. Nach einem gemeinsamen Mittagessen erhielt die Delegation eine ausgedehnte Stadtführung durch Temeswar, gefolgt von einer fünfstündigen Autofahrt über den Karpatenbogen nach Siebenbürgen. Dieser Teil der Reise wird im dortigen Kapitel behandelt.

Grenzen mitten in Europa - eine Stunde Wartezeit zwischen Kroatien und Serbien

Resumée

Die donauschwäbischen Vereine in Ungarn, Kroatien, Serbien und Rumänien waren hoch erfreut über das erstmalige Engagement des österreichischen Parlaments. Unisono beklagten sie fehlenden Rückhalt und Unterstützung durch Österreich in Fragen ihrer Minderheitenpolitik.

Alle Vertreter sprachen auch den enormen Assimilationsdruck für ihre Volksgruppe an, welchem eigentlich nur durch finanzielle und kulturelle Hilfe entgegengewirkt werden kann. Die Situation ist ähnlich wie bei den Heimatvertriebenen, dass die nachgeborene Generation in der Majoritätsbevölkerung aufgeht. Eine mögliche nachhaltige Unterstützung von österreichischer Seite könnte die Übersendung von deutschsprachigen Büchern, Zeitschriften, Zeitungen, Schulbüchern, CDs und entsprechendem technischem Equipment sein, um den deutschsprachigen Unterricht vor Ort zu unterstützen. Weiters wurden auch Kultur- und Schüleraustauschprogramme angedacht.

Eindrücke über Land und Leute

Alle Teilnehmer waren begeistert von der unendlichen Weite der fruchtbaren Ebenen in der Schwäbischen Türkei, der Baranja, der Batschka und des Banats. So fruchtbar und ertragreich das Land ist, so multikulturell und weltoffen gebärden sich die besuchten Städte. Der Schnittpunkt von Ungarn, Kroaten, Serben, Rumänen und Donauschwaben lässt ein Flair entstehen, welchem man sich nicht entziehen kann.

Der Spruch

"Den Ersten der Tod, den Zweiten die Not, den Dritten das Brot."

hat sich unter den Donauschwaben als treffende Charakterisierung der Aufbauleistung überliefert.

Die Karpatendeutschen

Karpatendeutsche Siedlungsgebiete in der Slowakei

Die Geschichte

Die Bezeichnung „Karpatendeutsche" für die in der Slowakei bis 1945 ansässig gewesenen 150.000 Deutschen - ein kleiner Rest von etwa 10.000 lebt heute noch dort - entstand in der Zwischenkriegszeit als Pendant zu den „Sudetendeutschen". Da der Gebirgszug der Karpaten weit über die Slowakei hinausreicht, bekanntlich bis zum „Eisernen Tor" an der rumänisch-serbischen Grenze, ist der Begriff „Karpatendeutsche" nicht ganz richtig, hat sich aber eingebürgert. Die Karpatendeutschen sind die Nachkommen jener Siedler, die seit dem 12. Jahrhundert aus Österreich und Deutschland nach Oberungarn, der heutigen Slowakei, einwanderten. Während das Gebiet von Pressburg vorwiegend aus österreichischen Landen besiedelt wurde - zuletzt im 18. Jahrhundert mit evangelischen Exulanten - kamen die Einwanderer in die Mittel- und Nordostslowakei, ins so genannte Hauerland und in die Zips, aus allen Teilen Deutschlands, so vor allem aus Bayern, Franken, Thüringen und dem Rheinland. Je nach Herkunft sprachen die Menschen verschiedene Dialekte, die sich oft von einander unterschieden. Dazu kam noch, dass sich die Einwanderungen über sehr lange Zeiträume erstreckten und die Ansiedler aus den verschiedensten Berufsgruppen stammten. So siedelten sich nebst Bauern- und Handwerkern beispielsweise auch viele Bergleute im damals oberungarischen Raum an. Alle miteinander waren dem Ruf der ungarischen Könige gefolgt, die ihnen Grund und Boden zuteilen ließen, sie mit zahlreichen Privilegien wie Markt- und Stadtrechten, Jagd-, Fisch-, Rodungs- und Schürfrechten ausstatteten, ihnen Maut- und Abgabefreiheiten gewährten und eine eigene Gerichtsbarkeit sowie die Beibehaltung der deutschen Muttersprache, ihrer Sitten und Gebräuche, zusicherten.

Die Kaiserburg in Pressburg

Die Einwanderer gründeten zahlreiche Orte und Städte; die meisten der heutigen slowakischen Städte sind solchen Ursprungs. Die Karpatendeutschen lebten schließlich, miteinander wenig verbunden, in drei größeren Sprachinseln: in Pressburg und Umland, im mittelslowakischen Hauer- oder Bergstädterland und in der Ober- und Unterzips am Fuße der Hohen Tatra, jeweils in einer Stärke von etwa 50.000 Seelen.

Das Bergbaumuseum in Göllnitz

Das Schicksal der deutschen Kolonisten wurde durch die ungarischen Herrscher bestimmt. Besonders zu leiden hatten die Ansiedler durch Kriegswirren, mit denen Tataren, Hussiten, Türken und Aufständische das Land wiederholt überzogen. Die Glaubenskämpfe zwischen Protestanten und Katholiken erfassten auch die Deutschen und brachten ihnen so manche Erschwernisse. Doch viel mehr als all dies bewirkte die ab dem Ende des 18. Jahrhunderts einsetzende Magyarisierung eine Schwächung der Karpatendeutschen als Nationalität. Sie wurde besonders ab dem so genannten „Ausgleich" von 1867 derart vehement gehandhabt, dass bis zum Zerfall der Monarchie im Jahre 1918 aus sehr vielen Deutschen Magyaren geworden waren. In der ersten tschechoslowakischen Republik, die nach dem I. Weltkrieg entstand, gewährten die neuen Herren im Lande, die Tschechen, den Karpatendeutschen wieder verschiedene Volkstumsrechte. Es gab, im Unterschied zur nationalistischen Politik der Magyaren in der Spätzeit der Monarchie, wieder zahlreiche deutsche Schulen. Deutsch war nach Slowakisch eine zugelassene Sprache. Das Verhältnis zwischen Slowaken, die in der Monarchie ebenfalls einer starken Magyarisierung ausgesetzt gewesen waren, und Deutschen war recht gut. 1939 wurde die Slowakei ein selbständiger Staat, musste sich allerdings der Annexions-, der Teilungs- und schließlich auch der Kriegspolitik Hitlers fügen. Der neue Staat gewährte den Karpatendeutschen weitere Volkstumsrechte. Doch ihr vermeintliches Glück währte nicht lange. Als es sich zeigte, dass Deutschland den Krieg verlieren würde, wandten sich auch die Slowaken ab, gingen zur Gegenseite über und inszenierten einen Aufstand. Ende 1944 und Anfang 1945 veranlassten daher deutsche Stellen die Evakuierung eines Teils der Karpatendeutschen. Ihre in ihrer angestammten Heimat verbliebenen deutschen Mitbürger wurden von den Slowaken für den Krieg kollektiv mitverantwortlich gemacht und wurden von ihnen mit Schimpf und Schande aus dem Lande gejagt, obwohl sie mit ihnen seit Jahrhunderten friedlich zusammengelebt hatten.

Zugleich beschlagnahmten sie das gesamte Vermögen der Karpatendeutschen. Zurückbleiben und ihr Eigentum behalten durften nur Kommunisten und Deutsche in Mischehen mit Slowaken. Das slowakische Parlament hat erst 2007 die Beneš-Dekrete, die für die kollektive Entrechtung der Karpatendeutschen zeichnen, in einem mehrheitlichen Beschluss bestätigt und damit Unrecht fortgeschrieben.

Der Kaschauer Dom als gotisches Juwel: In unmittelbarer Nähe befindet sich eine Gedenktafel, die an das so genannte „Kaschauer Programm" der ersten Nachkriegsregierung unter Beneš und so ungewollt auch an die Gräueltaten an der deutschen Volksgruppe erinnert.

Heute leben die Karpatendeutschen verstreut in aller Welt, hauptsächlich jedoch in Deutschland, aber auch in anderen Ländern, wie etwa Schweden. Sie haben sich, wie in Österreich, zu Landsmannschaften zusammengeschlossen, die ihre Interessen vertreten. Zu ihren vorrangigen Interessen zählt der Kampf gegen Geschichtsverfälschungen, gegen das Totschweigen ihrer früheren Existenz und ihrer kulturellen, gesellschaftlichen und volkswirtschaftlichen Leistungen in der alten Heimat; sie bemühen sich auch um Erhalt von Entschädigungen durch die Slowakei für die erlittenen Vertreibungsschäden.

In Österreich siedelten sich etwa 10.000 Karpatendeutsche an. Ihre Anliegen vertreten in Österreich zwei Karpatendeutsche Landsmannschaften, eine in Wien und eine in Linz. In Wien erscheint sechsmal im Jahr das „Heimatblatt", das an zahlreiche Leser im In- und Ausland versendet wird.

Unterzipser Begegnungszentrum: In der Slowakei sind die heimatverbliebenen Deutschen seit 1989 in Vereinen organisiert.

Gedenkreise zu den Karpatendeutschen in der Slowakei - *2. Etappe*

Reisedatum: 28. bis 30. November 2005

Distanz: 1.228 km

Teilnehmer:

NR Ing. Norbert Kapeller (ÖVP)
NR DI Werner Kummerer (SPÖ)
NR Barbara Rosenkranz (FPÖ)
Franz Senger (Karpatendt. LM in Österreich)
Mag. Dr. Peter Wassertheurer (VLÖ)
Harald Hartl (Parl. Mitarbeiter)
OSR Rudolf Schramm (historischer Berater IDEA)

Reiseprotokoll

28. November 2005

Die Delegation fuhr am Morgen mit zwei Kleinbussen nach Pressburg und traf mit den slowakischen Politikern PhDr. Laszlo A. Nagy, dem Vorsitzenden des Menschenrechts- und Minderheitenausschusses, Hermann Arvay, Abgeordneter im slowakischen Parlament, Erika König (Regionalvorsitzende) und Jan König, Vorsitzender der Karpatendeutschen Assoziation, unter Begleitung von Botschafter Dr. Martin Bolldorf zusammen. Zur Diskussion standen die Lage der deutschen Minderheit in der Slowakei und die Thematik der Beneš-Dekrete. Beide Seiten waren sich darüber einig, dass eine dauerhafte Lösung nur im Kontext der europäischen Rechtsformen gefunden werden kann.

Die Reisegruppe vor dem Pressburger Parlament

Abg. Nagy machte deutlich, dass auch in der Slowakei nur das Vermögen, das nach 1948 konfisziert worden war, in der slowakischen Restitutionsgesetzgebung berücksichtigt wird. Damit bleibt – ähnlich wie in Tschechien – auch in der Slowakei das von den Beneš-Dekreten enteignete karpatendeutsche Vermögen weiterhin unberücksichtigt. Abg. Nagy versicherte der karpatendeutschen Minderheit, dass sie im folgenden Jahr eine Verdoppelung der staatlichen Fördermittel erwarten könnten. Weiters wurde eine generelle Zusammenarbeit in den Menschenrechtsausschüssen der Länder Deutschland, Österreich, Ungarn, Kroatien und der Slowakei angesprochen.

Mit Vertretern des Pressburger Parlaments

Nach einem gemeinsamen Mittagessen besuchte die Delegation das Karpatendeutsche Museum in Pressburg, bevor es mit einer mehrstündigen Fahrt in die Ostslowakei nach Käsmark (Kezmarok) weiterging. Am Abend traf die österreichische Delegation mit den Repräsentanten der Karpatendeutschen, Mgr. Vojtech Wagner (Regionalvorsitzender), Maria Durica (Vizevorsitzende) und Ing. Peter Kaleta, in der Zips zusammen.

Das Rathaus von Käsmark

Diskutiert wurde unter anderem die schwierige wirtschaftliche Lage in der Oberzips mit einer Arbeitslosenquote von bis zu 30%; weiters wurden Kontakte mit österreichischen Wirtschaftsvertretern zugesagt, wie auch Schüleraustauschprogramme und Schulpartnerschaften angesprochen. (deutschsprachige Schulbücher, Zeitungen und andere Periodika werden generell benötigt, damit in Summe die Kontakte zu den Altösterreichern verstärkt ausgebaut werden können) Nach einem gemeinsamen Abendessen bezog die Delegation ihr Hotel in Käsmark.

29. November 2005

Am Morgen fand ein Stadtrundgang in Käsmark mit der Besichtigung der berühmten Holzkirche und der Lyzealbibliothek (man findet dort eine beeindruckende Sammlung von zehntausenden Bänden) statt, später fuhr die Delegation nach Göllnitz (Gelnica) und besuchte dort das Bergbaumuseum.

Im Göllnitzer Bergbaumuseum

Am frühen Nachmittag ging es nach Einsiedel (Mnisek nad Hnilcom) weiter, wo ein Treffen mit karpatendeutschen Vertretern im dortigen Begegnungszentrum auf dem Programm stand. Später brach die Delegation nach Metzenseifen (Medzev) auf - dem Geburtsort des ehemaligen slowakischen Präsidenten karpatendeutscher Herkunft, Kurt Schuster, wo auch das Foto- und Filmmuseum des Präsidenten besichtigt wurde. Später trafen die Abgeordneten mit dem Vorsitzenden des karpatendeutschen Vereins, Peter Sorger, und der Bürgermeisterin von Metzenseifen, JUDr. Valeria Flachbartova, zusammen.

Vor dem Unterzipser Begegnungszentrum

Es war besonders interessant zu erfahren, dass die Metzenseifner im Jahre 1945 nicht vertrieben wurden, da sie von den heranrückenden tschechoslowakischen Vertreibern ganz einfach „übersehen" worden waren. Einige tausend Metzenseifner versteckten sich im umliegenden Bergland und kehrten erst nach Abrücken der Milizverbände in ihr Städtchen zurück und blieben dort bis heute unbehelligt.

Nach spannenden Geschichten wurde die letzte Etappe nach Kaschau (Kosice) zurückgelegt, wo am Abend ein Treffen mit Vertretern der deutschen Minderheit im dortigen Begegnungszentrum stattfand. Die Kaschauer waren ob des erstmaligen Interesses österreichischer Parlamentarier zu Tränen gerührt und andererseits war es für die Österreicher tief ergreifend, beinahe tausend Kilometer entfernt, an der Grenze zur Ukraine, alte deutsche Volkslieder zu hören.

Im Begegnungszentrum Kaschau - wahre Freundschaft

30. November 2005

Am Morgen konnte die Delegation einen kurzen Einblick in die Geschichte der Stadt im Rahmen eines kurzen Stadtrundgangs gewinnen. Die Tafel, die an das so genannte Kaschauer Programm der ersten tschechoslowakischen Regierung am zu Ende gehenden Zweiten Weltkrieg erinnert, weist zwangsläufig auch auf die Verbrechen, die unmittelbar nach Kriegsende an den Karpatendeutschen begangen wurden, hin. Anschließend reiste die Delegation ins Hauerland (Mittelslowakei), wo sie von Ing. Anton Oswald, dem Regionalvorsitzenden des Karpatendeutschen Vereins, erwartet wurden. Ing. Oswald begleitete die Delegation nach Glaserhau (Sklene), wo im Beisein der lokalen karpatendeutschen Minderheit an der dortigen Gedenkstätte eine

Kranzniederlegung stattfand. Am 21. September 1944 wurde dort die gesamte männliche Bevölkerung zwischen 16 und 60 ermordet und in einem Massengrab verscharrt.

Abg. Kummerer und Abg. Kapeller
an der Gedenkstätte

Gemeinsam wurde mit den Witwen und
Halbwaisen der Ermordeten gedacht

Die Delegation brach anschließend zur Heimreise auf und traf am frühen Abend in Wien ein.

Resümee

Auch im Zuge dieser zweiten Reise wurde die Delegation von der deutschen Minderheit freundlichst empfangen. Ebenso beklagte sie den fehlenden Rückhalt und Unterstützung durch Österreich in Fragen ihrer Minderheitenpolitik. Auch hier sprachen die Vertreter den enormen Assimilationsdruck für ihre Volksgruppe an, welchem eigentlich nur durch finanzielle und kulturelle Hilfe entgegengewirkt werden kann. Die Situation ist ähnlich wie bei den Heimatvertriebenen - die nachgeborene Generation geht in der Majoritätsbevölkerung auf. Die mögliche nachhaltige Unterstützung von österreichischer Seite könnte dieselbige wie für die Donauschwaben sein.

Eindrücke über Land und Leute

Die Slowakei hat eine Naturschönheit zu bieten, welche in ihrem Reichtum für den mitteleuropäischen Bereich typisch ist. Es war beeindruckend, in Käsmark in der Oberzips einen Steinwurf von den Gipfeln der Hohen Tatra weg zu sein oder in den Gold- und Silberstädten Kremnitz, Schemnitz und Göllnitz den Bergbau der deutschen mittelalterlichen Knappen kennenzulernen. Bezeichnend für die kargen Landstriche des Hauerlandes war und ist der unermüdliche Fleiß, mit welchem die Menschen ihr Fortkommen sichern.

Die Siebenbürger Sachsen

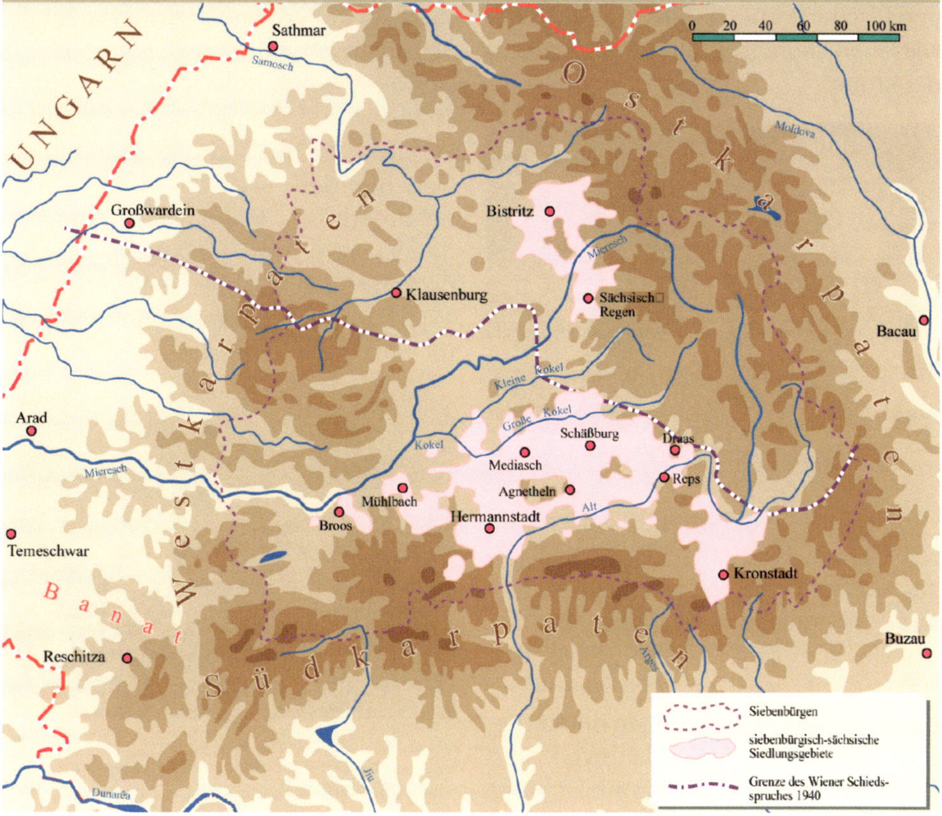

Siedlungsgebiete der Siebenbürger Sachsen

Die Geschichte

Siebenbürgen liegt im Südosten Europas im Bogen der Ost- und Südkarpaten am Schnittpunkt west-östlicher Handelswege. Das eine natürliche Festung bildende, an Bodenschätzen reiche, Hochland hatte als politischer Raum eine sehr bewegte Geschichte, die sich auch heute noch in der völkischen Vielfalt seiner Bewohner offenbart. Vor allem Römer, Slawen, Ungarn, Rumänen und ab dem 12. Jahrhundert deutsche Kolonisten, die Siebenbürger Sachsen, haben das Land sprachlich, kulturell und wirtschaftlich geprägt.

Die Vorfahren der Siebenbürger Sachsen kamen vor allem aus den rheinischen und niedersächsischen Landen des damaligen deutschen Reiches und siedelten in Rechtsunmittelbarkeit zum ungarischen König auf dem ihnen zugewiesenen „Königsboden" zum „Schutze der Krone".

Junge sächsische Tanzgruppe

In befestigten Städten und Dörfern mit wehrhaften Kirchen – den Kirchenburgen – überlebten sie die Tataren- und Mongolenstürme, die Türkeneinfälle und zahllose Kriegsläufe und wirkten auf der Grundlage deutscher Rechts- und Zunftordnungen mit fortgeschrittenem Ackerbau, Handwerk und Handel weit über die Grenzen ihres Landes.

Der Bischofssitz Birthälm

Auf den Privilegien, die ihnen der „Goldene Freibrief" des Königs Andreas II. 1224 gewährte, gaben sich die Siebenbürger Sachsen in ihrer „Nationsuniversität" unter dem „Sachsengrafen" von Hermannstadt ein Selbstverwaltungsorgan, mit dem sie sich durch Jahrhunderte als angesehene „ständische Nation" behaupten konnten. Im 16. Jahrhundert traten die Siebenbürger Sachsen unter ihrem Reformator Johannes Honterus geschlossen zum evangelisch-lutherischen Glauben über und erwirkten 1557 die Aufnahme der Religionstoleranz in die Verfassung des Landes.

Dr. Christoph Klein, Bischof der evangelischen Volkskirche in Rumänien (r.), NR Kapeller, Bgm. Thellmann und Bgm. Johannis

Ihre so entstandene Volkskirche hat mit ihren Bildungseinrichtungen sehr wesentlich dazu beigetragen, dass die Siebenbürger Sachsen inmitten einer mehrheitlichen Bevölkerung von Rumänen und Ungarn bis in unsere Zeit ihre Sprache, ihre Eigenart und ihre gemeinschaftlichen Lebensformen bewahren konnten. Politisch war Siebenbürgen bis 1526 ein ungarisches Kronland, dann ein selbständiges Fürstentum und wurde ab

1691 ein von Wien verwaltetes österreichisches Kronland. Die Eingliederung Siebenbürgens in das Habsburgische Kaiserreich brachte der deutschen Bevölkerung durch die Einweisung von evangelischen Zuwanderern aus Oberösterreich, Salzburg und Kärnten, den so genannten Landlern, den Zuwachs von einigen Gemeinden (Großau, Großpold, Neppendorf), später jedoch auch durch den vereinheitlichenden Absolutismus, die Gegenreformation und die Reformen Josephs II. Einbußen an der rechtlichen Eigenständigkeit.

Gedenktafel Landler

kulturelle Freiheit zu haben, stimmten die Siebenbürger Sachsen nach dem verlorenen 1. Weltkrieg am 8. Jänner 1919 dem Anschluss an Rumänien zu. In der Zwischenkriegszeit gab es umfassende Agrarreformen, durch die sächsische Stiftungen, Kommunen und vor allem die evangelische Kirche bis zu 57 Prozent ihrer Besitzungen verloren. Rumänien hielt die Minderheitenschutzrechte nicht ein. Daraufhin schlossen sich Siebenbürger Sachsen, Landler, Berglanddeutsche, Banater Schwaben, die Buchenlanddeutschen, die Dobrutschadeutschen, die Bessarabiendeutschen und die Sathmarer Schwaben zum Verband der Deutschen in Rumänien mit einer Gesamtstärke von über 800.000 Personen zusammen.

Tafel des Demokratischen Forums

Die „österreichische Zeit" dauerte in Siebenbürgen 176 Jahre und brachte Frieden und Wohlstand und endete mit der Übergabe des Landes an Ungarn 1867 im so genannten Ausgleich. Es setzte eine starke Magyarisierungswelle ein und die Siebenbürger Sachsen antworteten mit einem starken Bekenntnis zum Deutschtum darauf. In der Hoffnung, in einem anderen Land weniger völkischem Druck ausgesetzt zu werden und mehr nationale und

Durch diese nationale Unzufriedenheit kamen nach der Machtergreifung Hitlers auch die Rumäniendeutschen in den Sog nationalsozialistischer Volkstumspolitik. Im Juni 1941 traten Rumänien und Ungarn an der Seite Deutschlands in den Krieg gegen die Sowjetunion ein. Damit waren mit der gesamten deutschen Bevölkerung des Donau- und Karpatenraumes auch die Siebenbürger Sachsen mit allen Konsequenzen in das Kriegsgeschehen einbezogen.

Alle wehrfähigen Männer deutscher Herkunft, mit einem Sammelbegriff der reichsdeutschen Verwaltungsstellen „Volksdeutsche“ genannt, hatten auf Grund mehrerer Abkommen des Dritten Reiches 1942 mit Ungarn und 1943 mit Rumänien den Militärdienst in der deutschen Wehrmacht, bzw. in der Waffen-SS, zunächst unter Beibehaltung ihrer damaligen Staatsbürgerschaft, abzuleisten. Im Jahre 1945 wurde diesen Soldaten seitens Rumänien die Staatsbürgerschaft aberkannt, so dass sie - soferne sie nicht in sowjetische Gefangenschaft geraten waren - im Westen verblieben. Dies hatte eine länger als ein Jahrzehnt dauernde Zerreißung von Familien zur Folge und begründete in der Folge das internationale humanitäre Problem der Familienzusammenführung.

Am 23. August 1944 schloss Rumänien im Angesicht der vormarschierenden roten Armee mit der Sowjetunion einen Waffenstillstand ab und erklärte zwei Tage später Deutschland den Krieg. Angesichts der Unmöglichkeit, das seit dem zweiten Wiener Schiedsspruch geteilte Land im Karpatenbogen militärisch zu halten, ordnete der deutsche General Artur Phleps, ein Siebenbürger Sachse, am 7. September 1944 die Evakuierung seiner Landsleute aus dem von Rumänen und Russen noch nicht besetzten Nordsiebenbürgen an. Die Fluchtbewegung aus diesem Raum umfasste etwa 40.000 Siebenbürger Sachsen aus rund 50 Dörfern und führte deren Landbevölkerung in geordneten Wagenzügen (Trecks) nach Westen, wo sie im November 1944 das Gebiet des heutigen Nieder- und Oberösterreich sowie das Land Salzburg erreichten. Von der Sowjetarmee überrollte Restgruppen dieser Fluchtbewegung wurden nach Siebenbürgen zurückgeschafft, jedoch nicht in ihre Heimatorte eingelassen, sondern in Internierungslagern untergebracht und zu Zwangsarbeiten herangezogen. In dem zu Rumänien gehörigen Südsiebenbürgen wurden die deutsche Bevölkerung, ihre Volksgruppenführung und auch die deutschen Wehrmachtsstellen, trotz vorangegangener Warnungen, von den politischen und militärischen Ereignissen im August und September 1944 völlig überrascht. Aus Südsiebenbürgen konnten daher nur wenige grenznahe Dörfer zu Ungarn evakuiert werden. Aus einigen Städten gelang es nur wenigen Familien, sich über Ungarn nach Westen durchzuschlagen, der Großteil der deutschen Bevölkerung verblieb im Land.

Ein originaler Fluchtwagen wie er im Haus der Heimat in Wien ausgestellt ist

Die Besetzung Siebenbürgens durch die Sowjets nach 1945 hatte zunächst für die deutsche Bevölkerung wenig außergewöhnliche Folgen. Der Kreis der internierten Personen wurde allerdings immer stärker ausgeweitet. Die katholische und die evangelische Kirche blieben zunächst unbehelligt. Es war sogar in den meisten ehemaligen deutschen Schulen möglich, nach einiger Verzögerung den Unterricht nach alten Lehrplänen und in der deutschen Unterrichtssprache wieder aufzunehmen.

Das Stefan-Ludwig-Roth-Gymnasium in Mediasch

Der erste schwere Schlag gegen die Rumäniendeutschen erfolgte zwischen dem 9. und 15. Januar 1945 durch die Deportation der 17- bis 45-jährigen Männer und der 18- bis 35-jährigen Frauen zur Zwangsarbeit in die Sowjetunion. Viele Kinder blieben damals elternlos zurück, doch konnte sich die Solidarität der traditionellen „Nachbarschaften" und der Dorfgemeinschaften der Siebenbürger Sachsen auch in dieser Zeit, nicht zuletzt auch durch die Einschaltung der evangelischen Kirche, bewähren, so dass kein Kind in ein staatliches Waisenhaus aufgenommen werden musste. Die ersten, wegen Krankheit entlassenen Deportierten wurden von den Sowjets nicht nach Rumänien, sondern nach Frankfurt/Oder in die sowjetische Besatzungszone verbracht und verstärkten, nachdem es den meisten davon gelungen war, in die Westzone zu gelangen, in der Folge den Wunsch nach Familienzusammenführung. Die letzten Deportierten wurden nach 10 Jahren nach Siebenbürgen entlassen, ihre Verluste in Folge von Hunger und Erkrankungen werden auf 15-25% geschätzt.

Der nächste Schlag gegen die Rumäniendeutschen war der Entzug aller ihrer politischen Rechte. Das von den Alliierten geforderte Minderheitenstatut vom 2. Februar 1945, das eine Voraussetzung für die völkerrechtliche Aufhebung des Wiener Schiedsspruches und für den Abschluss des Friedensvertrages mit Rumänien war, galt für die Deutschen nicht, sie waren bis zum 7. September 1950 staatenlos. Trotzdem blieb in diesen fünf Jahren die letzte Konsequenz - die Ausweisung nach Deutschland - im Gegensatz zu den anderen mittelosteuropäischen Vertreiberstaaten, in Rumänien aus.

Man wollte offensichtlich auf das Wissen und Können der Deutschen nicht verzichten.

Das Hermann-Oberth-Museum in Mediasch zu Ehren des siebenbürgischen Raketenpioniers und „Vaters der Raumfahrt“

Auch die wirtschaftliche Basis der Rumäniendeutschen, und damit der Siebenbürger Sachsen, wurde bald nach Kriegsende, am 23. März 1945 zerschlagen. Mit Ausnahme der wenigen Deutschen, die als Angehörige des rumänischen Heeres gegen das Dritte Reich gekämpft hatten, verloren alle übrigen entschädigungslos ihren landwirtschaftlichen Grundbesitz (einschließlich Inventar und Hofstelle), den im Regelfalle auswärtige, vom Staat eingewiesene „Kolonisten“ übernahmen. Die einzige Einrichtung, die in Siebenbürgen bei diesen Vorgängen einigermaßen intakt blieb, war die Evangelische Kirche. Sie konnte - wie erwähnt - im Herbst 1944 wieder das deutschsprachige Schulwesen in eigene Verantwortung übernehmen und bis zu dessen Verstaatlichung im Jahre 1948 verwalten. In den meisten deutschen Dörfern Siebenbürgens war daher der deutschsprachige Unterricht nur für kurze Zeit unterbrochen. Ab 1948 musste sich die Kirche allerdings auf den rein kirchlichen Bereich beschränken.

Nach Ausrufung der Volksrepublik (30. Dezember 1947) übernahm die aus Sozialisten und Kommunisten gebildete Arbeiterpartei die Macht im Lande. Die Deutschen wurden in der Folge gemäß der kommunistischen Propaganda als „Faschisten“ gebrandmarkt, jedoch waren Ausbrüche von Deutschenhass die zu Gewalttätigkeiten führten - im Gegensatz zur Tschechoslowakei, zu Polen oder zu Jugoslawien - kaum zu registrieren. Ab 1949 kam es dann auch, trotz vieler radikalen kommunistischen beziehungsweise rumänisch-chauvinistischen Maßnahmen zur Umgestaltung der Gesellschaft, doch auch zur allmählichen Lockerung mancher der speziell gegen die Deutschen gerichteten Maßnahmen, dies allerdings gepaart mit verstärktem Druck in Richtung nationaler „Homogenisierung“. Im Bewusstsein der Rumäniendeutschen, der Siebenbürger Sachsen sowie der Banater Schwaben und vieler anderer, konnten diese Maßnahmen aber, im Vergleich zu der früheren rechtlichen, kulturellen und wirtschaftlichen Lage dieser Gruppen, die eingetretenen fundamentalen Veränderungen im Lande nicht verdecken. Die seelische Not durch die Trennung der Familien oder durch persönliche Diskriminierung oder das Gefühl der Aussichtslosigkeit, zu welchen sich dann auch noch die materielle Not gesellte, stärkten immer mehr den Wunsch, das Land zu verlassen und zu den inzwischen in den Westen übersiedelten Verwandten und Freunden zu ziehen.

Heimatverbliebene Sächsinnen beim Sachsentreffen in Birthälm im Gespräch mit Bettina Kapeller-Schramm

Als Auswanderungsmotive entwickelten sich zunehmend vor allem:

Das Bewusstsein fehlender Gruppenrechte; Misstrauen gegenüber der kommunistischen Regierung und dem Nationalchauvinismus; Überfremdung der Städte und Dörfer mit Gefährdung ihrer historischen Bausubstanz; Eindringen des Partei- und Sicherheitsapparates in die Familien- und Privatsphäre.

Dies alles führte dazu, dass in den Jahren von 1950 bis 1980 über 90.000 Personen, unter Berufung auf ihre deutsche Abstammung, aus Rumänien vor allem in die Bundesrepublik Deutschland auswanderten. Im Jahrzehnt von 1980 bis 1989 vergrößerte sich diese Auswanderungswelle um weitere 150.000 Menschen, die ihren angestammten Lebensraum verließen. In dem hier behandelten Zeitabschnitt verteilte sich somit der einst geschlossene Volkskörper der Siebenbürger Sachsen nunmehr auf mehrere Staaten, von denen Deutschland und Österreich den größten Anteil aufnahmen.

Nach der politischen Wende 1990 verstärkte sich die Aussiedlung der Rumäniendeutschen dramatisch, sodass die Zahl der in Rumänien verbliebenen Siebenbürger Sachsen 2004 nur noch etwa 14.000 Personen beträgt und somit vergleichbar ist mit der Zahl der in Österreich von der Landsmannschaft erfassten Siebenbürger Sachsen und deren Nachkommen.

Das Heute in einem sächsischen Dorf

Gedenkreise zu den Siebenbürger Sachsen - 3. *Etappe*

Datum: 8. bis 11. Jänner 2006
Distanz: Flug bis Temeswar und 800 km Autofahrt

Teilnehmer:
NR Ing. Norbert Kapeller (ÖVP)
NR DI Werner Kummerer (SPÖ)
NR Mag.a Terezija Stoisits (Die Grünen)
NR Anton Wattaul (BZÖ)
Dr. Fritz Frank (Siebenbürger Sachsen in Österreich)
Mag. Dr. Peter Wassertheurer (VLÖ)
Harald Hartl (Parl. Mitarbeiter)

Die Delegation in Mediasch

Reiseprotokoll

8. Jänner 2006

Die Delegation flog mit der AUA-Abendmaschine von Wien-Schwechat nach Temeswar/Timisoara, wo sie um 0:35 Uhr Ortszeit landete und anschließend ihr Hotel bezog.

9. Jänner 2006

Nach dem Zusammentreffen mit den Donauschwaben in Temeswar (Näheres dazu unter: „Zu den Donauschwaben") reiste die Delegation in einer fünfstündigen Fahrt nach Hermannstadt/Sibiu (Reisebegleitung durch Stadtrat Benjamin Josza, der die Delegation während der gesamten Reise bestens unterstützte), wo sie das Hotel „Römischer Kaiser" bezog und sich anschließend mit folgenden Persönlichkeiten zu einem gemeinsamen Abendessen traf: Dr. Zeno-Karl Pinter (Unterstaatssekretär im Departement für interethnische Beziehungen), Christine Manta-Klemens (Kreisrätin, stellv. Generalschulinspektorin), Kurt Klemens (Stadtrat, stellvertretender Vorsitzender Deutsches Forum Hermannstadt), Helmut Mathes (Manager der forumseigenen Honterus-Druckerei) und Winfried Ziegler (Geschäftsführer der Arbeitsgemeinschaft deutscher Jugendorganisationen in Rumänien).

Abendessen mit den rumänischen Vertretern

Das Rathaus der europäischen Kulturhauptstadt 2007 Hermannstadt

Empfang der Delegation bei Bürgermeister Klaus Johannis

10. Jänner 2006

Bis zum Empfang beim Hermannstädter Bürgermeister Klaus Johannis (Demokratisches Forum) erfolgte eine ausgedehnte Führung durch die architektonische Unberührtheit - es waren nicht nur die baulichen Kleinode sehenswert, sondern auch die nicht mehr zu überbietende Bautätigkeit der Stadt Hermannstadt. Es gab kaum eine Straße oder einen Platz, wo nicht gebaggert, asphaltiert oder Pflaster gelegt worden wäre. Hermannstadt – so hatte man das Gefühl – machte sich für seinen großen Auftritt als europäische Kulturhauptstadt 2007 bereit.

Rege Bautätigkeit in Hermannstadt

Am späteren Vormittag fand das Treffen im Rathaus statt. Von Bürgermeister Johannis wurden unter anderem die Bemühungen von Hermannstadt erörtert, den Aufgaben und Herausforderungen als Europäische Kulturhauptstadt 2007 gerecht zu werden.

Die Stadt Mediasch

Später reiste die Delegation nach Mediasch/Medias ab und wurde vom dortigen Bürgermeister Daniel Thellmann empfangen. Bgm. Thellmann informierte die Delegation über die Standortpolitik der Stadt Mediasch und die wirtschaftliche Entwicklung, wie auch über die Problematik der Umweltverschmutzung durch das nahe liegende Industriegebiet von Klein-Kopisch.

Die Industrieruine von Klein-Kopisch

Nach einer Besichtigung der neuen Industriezonen in Mediasch fuhr die Delegation am späteren Nachmittag nach Schäßburg/Sighisoara, um dort die Alte Schule und natürlich das sagenumwobene Haus Draculas zu sehen.

Bildmontage: Auf den Spuren Graf Draculas in Schäßburg

Am Abend erfolgte noch ein Zusammentreffen mit dem österreichischen Botschafter in Rumänien, Dr. Christian Zeileissen. Gemeinsam wurden europapolitische Themen im Vorfeld des rumänischen EU-Beitritts diskutiert, die Erwartungen an die EU sowie das wirtschaftliche Engagement Österreichs in Rumänien erörtert.

11. Jänner 2006

Am Morgen fand ein Zusammentreffen mit Ortrun Rhein, Leiterin des Carl-Wolff-Altenheims in Hermannstadt, mit einem anschließenden Rundgang durch das Haus statt; unter anderem konnte sich die Delegation auch ein Bild über die im Bau befindliche Hospizstation und über das Projekt „Straßenkinder" machen. Anlässlich dieses Besuches übergab die österreichische Delegation 24 Krankenhausbetten für die Hospizstation.

Am späteren Vormittag ging es über die wildromantische Landschaft des Karpatenbogens nach Temeswar zurück, wo die Delegation später wieder Richtung Wien abflog.

Die Delegation übergab 24 Krankenhausbetten für die Hospizstation des Carl-Wolff-Altenheims

Resümee

Da die Siebenbürger Sachsen und Landler in Rumänien zum Unterschied von Millionen anderen Volksdeutschen in Ostmittel- und Südosteuropa nicht ausnahmslos 1945 aus ihrer Heimat vertrieben wurden, setzte der große Exodus erst nach der Wende 1989 ein. Aber auch in Rumänien hat die deutsche Minderheit mit der Tatsache zu leben, dass eine 800-jährige sächsische Tradition sich dem Ende nähert. Auch hier findet eine entsprechende Assimilierung der jungen Sachsen statt. Man denkt aufgrund der Kleinheit der Volksgruppe nicht mehr sächsisch sondern maximal europäisch.

Land und Leute

Siebenbürgen ist ein Land zum Verlieben. Liebliche Landschaft wird unterbrochen von alten sächsischen Siedlungen, Wehrkirchen und Burgen. Wildromantisch zeigt sich dieser Landstrich. Man spürt und erlebt auf Schritt und Tritt ein Paradoxon: Einerseits begegnet man in jedem sächsischen Dorf dem Exodus einer 800-jährigen Geschichte. Die Sachsen wandern nach Deutschland aus und man erlebt mit, wie jährlich die Einwohnerzahl der Dörfer sinkt. Da ist der Nachbar, dort der Pfarrer und hier der Wirt ausgewandert. Und um die eigene Geschichte zu archivieren, werden sächsisches Kulturgut in Kirchen verwahrt, die Kirchen zugesperrt und versucht, vor Plünderung zu schützen.

Herbsteindrücke im Kreis Kronstadt

Eine zeitgenössische Erzählung in Siebenbürgen

Treffen sich zwei Rumänen in Hermannstadt.

Da fragt der eine:
„Wo sind denn heute die Sachsen?"

Antwortet der andere:
„Es ist doch Stadtratssitzung!"

Die Deutsch-Untersteirer und Gottscheer

Pettau

Die Deutsch-Untersteirer

770 Jahre lang war die „Untersteiermark", im Nordosten unseres heutigen Nachbarstaates Slowenien liegend, ein Teil des Herzogtums Steiermark. Das Gebiet setzte sich zusammen aus der fruchtbaren Ebene des Pettauer Feldes, umrahmt von der Hügellandschaft der Windischen Bühel mit ihren Rebhängen, dem waldreichen Urgesteinsmassiv des Bacherngebirges, den Sanntaler Alpen und dem Cillier Becken. Die Flüsse Mur, Save und Sattelbach (Sotla) bildeten eine natürliche Grenze gegenüber Ungarn, Kroatien und Krain. Innerhalb des Landstriches zählten Drau und Sann zu den großen Fließgewässern (Drava und Savinja). Die bedeutendsten Siedlungsplätze waren die Städte Marburg/Maribor, Pettau/Ptuj und Cilli/Celje. Diese Städte und mehrere Landstädtchen und Märkte waren die Zentren des Deutschtums.

In Marburg/Maribor lebten 1890 etwa 2.650 Slowenen und 17.500 Deutsche. Auch die anderen Städte und Gebiete der Untersteiermark wurden um die Wende zum 20. Jahrhundert mehrheitlich durch Deutsche besiedelt. In der zweiten Hälfte des 19. Jahrhunderts erwachte das slowenische Nationalbewusstsein. Zunächst strebte die politische Bewegung eine slowenische Autonomie an. Die Propaganda der Slowenenführer zeigte rasch Wirkung. 1885 schlossen sich slowenische Bauern in großer Zahl zusammen.
Die deutschen Schutzverbände bildeten 1904 ihrerseits den „Deutschen Volksrat für die Untersteiermark". Die offizielle Zusammensetzung der Bevölkerung des gemischtsprachigen Gebietes änderte sich zugunsten der Slowenen. 1910 zählte man bereits 404.000 Slowenen und nur rund 67.000 Deutschsprachige,

diese vor allem in den Städten. Mit dem Ende der Monarchie fand sich die herrschende deutschsprachige Volksgruppe als Minderheit in einem südslawischen Staat wieder.

Mit der Besitznahme der Untersteiermark durch das SHS Königreich begann eine Slowenisierungswelle. Vieles wurde zurückgedrängt, was an die Jahrhunderte alte deutsche Kultur erinnerte. Die Ortsnamen wurden slowenisiert, die deutschsprachigen Aufschriften mussten abmontiert werden und die Amtssprache wurde Slowenisch. Deutsche Beamte, Lehrer, Geistliche und Arbeiter in den staatlichen Betrieben gingen ihrer Posten verlustig und erhielten keinerlei Entschädigung. Alle deutschen Vereine wurden aufgelöst und deren Vermögen wurde eingezogen. Angehörige freier Berufe und Bürger verließen das Land, um politischen Repressalien zu entgehen oder weil behördliche Schikanen und Boykottmaßnahmen zum Verlust ihrer wirtschaftlichen Existenz führten.

Mit der Machtergreifung des Nationalsozialismus in Deutschland machte sich im Königreich SHS, das 1929 in Königreich Jugoslawien umbenannt worden war, Unbehagen breit. Der „Anschluss" Österreichs an das Deutsche Reich im März 1938 verschärfte die Spannungen zwischen Slowenen und Deutschen abermals. 1939 spitzte sich die Lage in bedenklicher Weise zu, als es im Abstaller-Feld zu Kundgebungen für einen Anschluss an Deutschland kam. Nach Ausbruch des Zweiten Weltkrieges wurde es für den jugoslawischen Staat zunehmend schwieriger, zwischen den Machtblöcken zu lavieren.

Gedenktafel in Abstall

Daran änderten auch die verschiedenen Freundschaftsverträge nichts. Um Italien mit seinen Ansprüchen auf jugoslawisches Gebiet in Schranken zu halten, erfolgte im März 1941 Jugoslawiens Beitritt zum Dreierpakt Deutschland, Italien und Japan, dem zu diesem Zeitpunkt schon Ungarn, Rumänien und Bulgarien angehörten. Nur zwei Tage später riss in Belgrad in einem Militärputsch General Simovic die Macht an sich. Die kriegsstrategische Entwicklung am Balkan (Albanien, Griechenland und östlich der rumänischen Ölfelder) führte nach einer kurzen und heftigen Pressekampagne mit den üblichen Vorwürfen, betreffend die Unterdrückung und Verfolgung der deutschen Minderheit, dazu, dass am 5. April 1941 die deutsche Wehrmacht in Jugoslawien einmarschierte. Auf direkten Führerbefehl war die Untersteiermark deutsch zu machen. Und so wurden nun die Slowenen zum Opfer der Politik, an der sich auch zahlreiche Steirer aktiv beteiligten.

Die neuen NS-Machthaber schritten auf brutale Weise zur Umsiedlung der Personen „fremder Nationalität" und „rassisch Minderwertiger". Ganz besonders hatte man es auf die nationalslowenische Intelligenz abgesehen. Das Privatvermögen wurde eingezogen. Die Umsiedlung „eindeutschungsfähiger" Personen ins Altreich erfolgte mit dem Versprechen, ihnen dort wieder Grund und Boden zuzuweisen. Sie wurden jedoch nicht mit entsprechendem Besitz entschädigt, sondern kamen stattdessen in Lager, um als Hilfsarbeiter in der Industrie eingesetzt zu werden. Für die Bauern war das die Enttäuschung schlechthin. Die ausgesiedelten Gebiete waren längere Zeit Niemandsland, wo Plünderer unterwegs waren und sich bereicherten. In einem Bericht an die Partei vom 1. Mai 1942 zeichneten ein ehemaliger Gebietsführer des schwäbisch-deutschen Kulturbundes und ein Industrieller mit erstaunlicher Offenheit ein Bild der Lage im Okkupationsgebiet: „Als diese Art der Umsiedlung bekannt wurde", hieß es darin, „flüchteten viele Bewohner der noch umzusiedelnden Gebiete in die Wälder. Hatten sich früher die Panslawisten und Kommunisten der Untersteiermark nie durchsetzen können, so bekamen sie jetzt diesen Vorkommnissen zufolge einen großen Zuwachs. Die untersteirischen Slowenen werden so entweder zu offenen Feinden Deutschlands oder zumindest zu stillen Helfern der Freischärler gemacht. Heute gibt es in der Untersteiermark Banden, die Überfälle verüben auf einzelne und auf ganze Ortschaften, auf Bürgermeister, Gendarmerie und andere staatliche Organe schießen und in den Betrieben passive Resistenz üben." So entstanden die starken Partisanenverbände in der Untersteiermark.

Cilli

Ziel der im Wesentlichen vom 2. „Antifaschistischen Rat der Volksbefreiung Jugoslawiens" (AVNOJ) in Jajce, einer Art Kriegsparlament, im November 1944 gefassten Beschlüsse war die Aberkennung der Bürgerrechte und die gewaltsame Enteignung der deutschsprachigen Volksgruppe sowie ihre Degradierung zu recht- und besitzlosen, unerwünschten Nicht-mehr-Bürgern des Staates. Eine schon seit November 1943 laufende propagandistische Offensive der kommunistischen Partisanen erklärte die Volksgruppe de facto für „vogelfrei" und schürte einen gewaltigen Hass gegen ihre Angehörigen" (vgl.: Stefan Karner). Sie waren die Volksfeinde und wurden außergerichtlich zur Verantwortung gezogen. In drei Punkten war zusammengefasst, was den Untergang des untersteirischen Deutschtums besiegelte.

Beschluss des AVNOJ (Antifaschistischer Rat der Volksbefreiung Jugoslawiens) in Jajce im November 1944

1. Alle in Jugoslawien lebenden Personen deutscher Abstammung verlieren automatisch die jugoslawische Staatsbürgerschaft und alle bürgerlichen und staatsbürgerichen Rechte

2. Der gesamte bewegliche und unbewegliche Besitz aller Personen deutscher Abstammung gilt als vom Staat beschlagnahmt und geht automatisch in dessen Eigentum über

3. Personen deutscher Abstammung dürfen weder irgendwelche Rechte beanspruchen, noch ausüben, noch Gerichte oder Institutionen zu ihrem persönlichen oder rechtlichen Schutz anrufen

Wer sich unter den „Volksdeutschen" nicht zur Flucht entschloss, wurde repressiert, auch alle jene, die sich nicht von Heimat und ererbtem Besitz trennen konnten und im Vertrauen auf das gute Verhältnis zur slowenischen Bevölkerung blieben. Tausende fielen Massenerschießungen zum Opfer, Tausende wanderten in die Gefängnisse. In Cilli/Celje wurden viele der in der Stadt verbliebenen Deutschen von den Partisanen erschlagen. Und täglich rollten die Lastkraftwagen mit Verhafteten zur Koschnitz-Schlucht, wo sie am Rand von Panzergräben mit Maschinengewehren erschossen wurden. Auf diese erste Welle der Gewalt und der Gräueltaten folgte gegen Ende des Monats Juni die Einlieferung der Verfolgten in die großen Sammellager in Cilli/Celje, Tüchern/Teharje, Schloß Herberstein bei Marburg/Maribor und Sterntal/Kidricevo bei Pettau/ Ptuj.

Gedenkstätte in Sterntal

Die meisten der deutschen Untersteirer, die überlebt hatten, wurden schließlich aus ihrer Heimat vertrieben und über die Grenze nach Österreich abgeschoben. Dennoch hatte ein kleiner Teil im Lande die folgende KP-Herrschaft überlebt, wie Stefan Karner in seiner Arbeit „Die deutschsprachige Volksgruppe in Slowenien, Aspekte ihrer Entwicklung 1939-1997" nachweisen konnte.

Die Gottscheer

Als Gottscheer wird die ehemalige deutschsprachige Bevölkerung des Gottscheer Landes im Herzogtum Krain (heute Slowenien) bezeichnet, einer deutschen Sprachinsel, deren Zentrum die Stadt Gottschee ist.

Schon vor 1330 bis zum Ende des 14. Jahrhundert wurden in diesem Gebiet durch das Haus Ortenburg (Grafschaft in Oberkärnten) deutsche Bauern aus Kärnten und Osttirol angesiedelt. Das Siedlungsgebiet, das vorher kaum besiedelt war und keine anderssprachigen Enklaven hatte, umfasste eine Fläche von ungefähr 860 km^2 mit 177 Ortschaften. Die Gottscheer, die teils als Bauern, teils als umherziehende Krämer in sehr einfachen Verhältnissen lebten, bewahrten ihren altertümlichen oberdeutschen Dialekt sechs Jahrhunderte lang. In der zweiten Hälfte des 19. Jahrhunderts hatte die Zahl der Gottscheer mit 28.000 ihren Höhepunkt erreicht. Die Armut trieb sehr viele zur Auswanderung in die USA. Mit der Gründung des Königreiches der Serben, Kroaten und Slowenen 1918, des späteren Jugoslawiens, kam der politische Druck gegen die deutsche Minderheit dazu. So betrug die Zahl der Gottscheer 1940 nur noch 12.500.

Nach dem Überfall der Achsenmächte auf Jugoslawien wurde das Gottscheer Land von der italienischen Armee besetzt. Die Bevölkerung wurde im Jahre 1941 auf Grund eines Abkommens zwischen Adolf Hitler und Benito Mussolini in den Raum Gurkfeld/Krsko, Rann/Brezice, Lichtenwald/Sevnica und Ratschach/Radece in der Untersteiermark (damals wieder der Steiermark angegliedert) umgesiedelt, von wo vorher etwa 36.100 Slowenen ins Reich deportiert worden waren. 1945 mussten nahezu alle Gottscheer fliehen oder wurden auf Grund der AVNOJ-Beschlüsse vertrieben, viele starben in Internierungslagern. Von den entvölkerten und zerstörten Ortschaften (insgesamt 177) wurden 112 nicht wieder aufgebaut, von einst 123 Kirchen stehen nur noch 28.

„Wanderbienenstöcke" in der Gottscheer Heimatstube in Krapflern

Gedenkreise zu den Deutsch-Untersteirern und Gottscheern - *4. Etappe*

Reisedatum: 20. bis 21. Februar 2006
Distanz: 955 km

Teilnehmer:
NR Ing. Norbert Kapeller (ÖVP)
NR DI Werner Kummerer (SPÖ)
NR Anton Wattaul (BZÖ)
Mag. Gerhart Conrad Fürst (LM der Deutsch-Untersteirer)
Mag. Dr. Peter Wassertheurer (VLÖ)
Harald Hartl (Parl. Mitarbeiter)

Die Delegation mit Botschafter Valentin Inzko und Veronika Haring

Reiseprotokoll

20. Februar 2006

Die Delegation fuhr am Morgen vor dem Parlament mit dem Ziel Marburg (Maribor) ab, wo sie gegen Mittag eintraf. Als erster Programmpunkt stand ein Besuch in den Räumlichkeiten des „Kulturvereins deutschsprachiger Frauen Brücken" auf dem Programm, wo die Situation der deutschsprachigen Minderheit in Slowenien erörtert wurde. Dem Treffen wohnten zusätzlich Botschafter Dr. Valentin Inzko, Mag. Peter Karpf von der Kärntner Landesregierung, Reinhold und Renate Reimann (Alpenländischer Kulturverband Südmark), Veronika Haring, (Verein "Frauen Brücken") und Gastgeberin Melita Cimerman, die Vizebürgermeisterin von Marburg, bei.

Zusammentreffen in Marburg

Im Laufe der Diskussion ließen sich zwei Themenkomplexe aus der Debatte herausschälen, nämlich die Frage der Anerkennung der deutschen Minderheit als autochthone Volksgruppe und das Kulturabkommen zwischen Österreich und Slowenien. Während die slowenische Seite darauf hinweist, dass die Existenz einer deutschen Volksgruppe im österreichisch-slowenischen Kulturabkommen angeführt ist, sprachen sich die deutschen Minderheitenvertreter für eine Anerkennung in der Verfassung aus, wie sie für Ungarn und Italiener in Slowenien gilt. Die Vertreter der deutschen Minderheiten kritisierten auch, dass das Kulturabkommen der deutschen Minderheit bisher keinen Nutzen gebracht habe. Die Teilnehmer der Diskussion waren sich auch darüber einig, dass nur der Dialog über die gemeinsame Vergangenheit die Konfliktfelder der Gegenwart lösen kann. Nach einem gemeinsamen Mittagessen fuhr die Delegation in die Gottschee, wo sie am frühen Abend eintraf. Hier stand ein Besuch des Kulturzentrums der Gottscheer in Krapflern/Obéice und ein Treffen unter anderem mit August Gril, dem Obmann des Gottscheer Altsiedlervereins, Karin Friedau (Dolmetscherin) und Josef Lobnig, dem 3. Kärntner Landtagspräsidenten, auf dem Programm.

Zusammenkunft in der Gottschee

Im Rahmen der gemeinsamen Diskussion wurde die schwierige Situation der deutschstämmigen Bevölkerung in Slowenien thematisiert und die selben Problemstellungen wie in Marburg angesprochen. Nach einem gemeinsamen Abendessen im Begegnungszentrum der Gottscheer und netten Gesprächen fuhr die Delegation nach Teplitz (Doljenske Toplice) und bezog dort das Hotel.

20. Februar 2006

Die Delegation fuhr frühmorgens nach Laibach ab, wo sie später in der österreichischen Vertretung eintraf. Hierauf folgte ein Besprechungstermin im Parlament, dem unter anderem Botschafter Inzko, Jožef Jerovšek (Vorsitzender des außenpolitischen Ausschusses) sowie Miro Petek, (stellvertretender Vorsitzender des Ausschusses für Auslands-Slowenen) beiwohnten.

Abg. Kapeller stellte den im Rahmen des Besuches gewonnenen Eindruck über die Situation der Volksgruppe dar und ersuchte, im Sinne des erwähnten Memorandums und der Forderungen der Volksgruppenvertreter, um die Ingangsetzung eines Dialoges zur Lösung der Anerkennungsfrage. Kapeller dazu: „Die vordergründigen Themen dieses Gesprächs waren die offizielle Anerkennung der autochthonen deutschsprachigen Minderheit in Slowenien am Beispiel der italienischen und ungarischen Volksgruppen, sowie weitere konstruktive Schritte im Sinne des bereits bestehenden Kulturabkommens zwischen Österreich und Slowenien."

Nach einem gemeinsamen Besuch in der österreichischen Vertretung fuhr die Delegation aus Laibach ab und traf am frühen Nachmittag in Ehrenhausen ein, um dort das von Obmann Oskar Schauritsch geleitete „Grenzüberschreitende Regionalmuseum Steiermark-Stajerska mit historischem Archiv" zu besichtigen, wo die Delegation auch mit Abg.z.NR Heidrun Walther und dem Ehrenhausener Bürgermeister Martin Wratschko zusammentraf. Anschließend fuhr die Delegation zurück nach Wien.

Das Museum in Ehrenhausen

Resumée

Die Situation der Untersteirer und Gottscheer unterscheidet sich maßgeblich von den anderen besuchten deutschsprachigen Minderheiten, da diese in Slowenien nicht als autochthone Minderheit anerkannt sind. Ebenso unterschiedlich ist aufgrund dieser Tatsache die staatliche Unterstützung für diese Volksgruppe. Während in den anderen Ländern diese Unterstützung funktioniert, ist dies in Slowenien anscheinend nicht der Fall. Außerdem wurden Parallelen zu der slowenischen Minderheitenpolitik in Österreich gezogen und die Verantwortung Österreichs gegenüber den Untersteirern und Gottscheern erbeten. Andererseits wurde aber die Restitutionspolitik Sloweniens von den Minderheitenvertretern ausdrücklich gelobt und als vorbildlich bezeichnet.

Eindrücke über Land und Leute

Die Delegation war vom Siedlungsraum der Untersteirer und Gottscheer überrascht, da es sich um Landschaften handelt, welche an Schönheit und Vielfalt kaum zu überbieten sind. Mediterranes Klima, Heilbäder, raue Waldlandschaft und Naturbelassenheit kennzeichnen die Untersteiermark, das Miestal, das Abstaller Feld und die Gottschee. Aufgrund der geringen Anzahl und der Zerstreutheit der Deutschsprachigen ist ein kulturelles Leben erschwert und die Zukunft ungewiss.

Marburg

Die Sudetendeutschen

Sudetendeutsche Siedlungsgebiete

Die Geschichte

Die Begriffe „Sudetendeutsche" und „Sudetenland" entstanden um die Wende vom 19. zum 20. Jahrhundert. Man bezeichnet seit damals damit die Altösterreicher deutscher Muttersprache und deren Siedlungsgebiete innerhalb der sogenannten „Länder der böhmischen Krone", Böhmen, Mähren und Österreichisch-Schlesien, die seit 1526 Teil des Habsburgerreiches waren. Namensgebend war der Mittelgebirgszug der Sudeten, der sich zwischen Schlesien, Böhmen und Mähren erstreckt.

Abgesehen von einzelnen Sprachinseln wie Brünn, Iglau, Olmütz und anderen bewohnten die Sudetendeutschen ein geschlossenes Siedlungsgebiet.

Die sudetendeutschen Heimatlandschaften gliedern sich in den Böhmerwald, das Egerland, das Erzgebirge-Saazerland, das Mittelgebirge, das Elbetal, das Polzen-Neisse-Niederland, das Riesengebirge, das Adlergebirge, den Altvater, das Kuhländchen, das Beskidenland, Südmähren und die Sprachinseln Schönhengstgau, Iglau, Brünn, Wischau und Olmütz. Österreichisch-Schlesien bestand aus Troppau,

Teilen des Altvaters und des Kuhländchens. Die oben angeführte ursprüngliche Heimat der Sudetendeutschen besteht aus landwirtschaftlich hochwertigen Gebieten, ehemals waldreichen Landstrichen; weiters aus industriell ertragreichen, ehemals wirtschaftlich sinnvoll genutzten Gegenden und Kulturlandschaften, die in Jahrhunderten auf- und ausgebaut wurden.

Blinde Zerstörungswut in
einem Böhmerwalddorf

Durch die Vertreibung und ihre Folgen entstand dem Land, seiner Kultur und auch der Wirtschaft ein Schaden, der nur schwer wieder zu beheben sein wird. Ganze Landstriche haben ihre Struktur und ihr ehemaliges Gesicht verloren, über 1.400 Orte und Gemeinden existieren nicht mehr, weil die vertriebene Bevölkerung durch landfremde - und daher kein ausgeprägtes Heimatbewusstsein besitzende - Personen nicht ersetzt werden konnte.

Die historische Entwicklung Böhmens, Mährens und Schlesiens erfolgte bis weit in die Neuzeit hinein als Teil der Geschichte des Heiligen Römischen Reiches deutscher Nation.

Dies war einerseits im Anlehnungsbedürfnis der im Sudetenraum seit dem 7. Jahrhundert siedelnden Stämme an den starken Nachbarn im Kampf gegen Awaren und Ungarn, andererseits in der vor allem von Regensburg und Salzburg ausgehenden Slawenmission begründet. Die slawische Besiedlung beschränkte sich damals wegen der geringen Bevölkerungsdichte naturgemäß auf die landwirtschaftlich am besten nutzbaren Landesteile, die fruchtbaren Ebenen und Flusstäler des Landesinneren.

Das Wappen der Rosenberger -
eines der bedeutendsten
südböhmischen Adelsgeschlechter

Die engen politischen Beziehungen des böhmischen Adels und der geistlichen Grundherren zu anderen Territorien und Herrscherfamilien des mittelalterlichen Kaiserreiches wurden durch verwandtschaftliche Bindungen verstärkt. Nationale Gegensätze waren im christlichen Mittelalter weitgehend unbekannt, wesentlicher waren soziale und religiöse Konflikte. So nahm niemand daran Anstoß, als böhmische Grundherren nach der Jahrtausendwende und, verstärkt seit dem 12. Jahrhundert, deutsche Bauern, seit dem 13. Jahrhundert auch deutsche Bergleute und Handwerker, ins Land holen. Die fortgeschrittenere Landwirtschafts-, Rodungs-, Bergbau- und Handwerkstechnik der Deutschen wurde von Adeligen und Klöstern zur Steigerung der Erträge, aber auch zur Hebung der Verteidigungsbereitschaft ihrer Herrschaftsgebiete ausgenützt.

Krumau in Südböhmen

Freiwillig und friedlich erfolgte die Ansiedlung der Deutschen in den Sudetenländern, die ihren Höhepunkt unter Premysl Ottokar II. von Böhmen (1253 – 1278) erreichte. Eine Fülle von Städtegründungen war die wesentlichste Voraussetzung für die wirtschaftliche Blüte im Spätmittelalter.

Der neuerliche Wirtschaftsaufschwung unter Karl IV. verstärkte den Einfluss der deutschen Bewohner der böhmischen Länder, während die Tschechen nicht im gleichen Ausmaß Anteil am relativen Wohlstand dieser Zeit hatten.

In der Hussitenbewegung, welche erstmals eine antideutsche Komponente in der Geschichte dieses Raumes brachte, kam ein gewisses tschechisches Gefühl der Benachteiligung zum Ausdruck, obwohl die sozialen und religiösen Ursachen der Hussitenkriege stärkeres Gewicht besaßen. Die Reformation und die folgenden Religionskriege brachten die Niederlage der Protestanten am Weißen Berg 1620 und wird zur tschechischen Tragödie erklärt, obwohl bekanntermaßen die deutsch-böhmischen Protestanten den gleichen Anteil sowohl am Aufstand von 1618 als auch an den Folgen der Niederlage hatten. Ebenso war von der Gegenreformation die deutsche Seite genauso stark betroffen wie die tschechische.

Der Fenstersturz zu Prag am 23. Mai 1618 löste den Dreißigjährigen Krieg aus

Mit der Französischen Revolution stand das „nationale Erwachen" der kleinen mittelosteuropäischen Völker unter deutlich antideutschem Vorzeichen. In Prag wurde im Mai 1848 ein Slawenkongress zur Förderung der Idee des Panslawismus veranstaltet. Der Panslawismus trat für den Zusammenschluss aller slawischen Völker unter der Führung Russlands ein. Die gemäßigte Gruppe der „Austroslawen" verlangte die Vereinigung aller mehrheitlich von Slawen bewohnten Gebiete Österreichs zu einem gemeinsamen Kronland mit innerer Autonomie.

Die Niederschlagung des Prager Aufstandes vom Juni 1848 verhinderte zwar die Verwirklichung dieser Forderung, sie bestand aber bis zum Ende des Habsburgerreiches weiter. Die Unfähigkeit der österreichischen Politik, einen Ausgleich zwischen den Wünschen der Tschechen und Deutschen zu finden, trug wesentlich zum Untergang Österreich-Ungarns bei.

Der Friedensvertrag von St. Germain und die Folgen

„Der Erste Weltkrieg konnte den Tschechen nur nutzen. Siegte die Monarchie, war ein vergrößertes auch ein slawisches Österreich; siegte Russland, entstand das Traumreich aller Panslawisten." Im Jänner 1918 verkündete der amerikanische Präsident Woodrow Wilson in 14 Punkten seine Grundsätze für einen allgemeinen Weltfrieden, die auch das Selbstbestimmungsrecht der Völker als zwingenden Grundsatz für die Lösung aller Gebietsfragen vorsahen. Die Tschechen und die mit ihnen verbündeten slowakischen Kreise beriefen sich auf dieses Recht für die Gründung eines eigenen tschechoslowakischen Staates, beanspruchten aber gleichzeitig aus historischen Gründen als Staatsgebiet auch die Siedlungsgebiete der Sudetendeutschen, die sie militärisch besetzten, um für die Friedenskonferenz vollendete Tatsachen zu schaffen. Als die Sudetendeutschen am 4. März 1919 in friedlichen Kundgebungen für ihr Selbstbestimmungsrecht gegen die zwangsweise Einverleibung in den neuen tschechoslowakischen Staat und für das Verbleiben bei der Republik Deutsch-Österreich demonstrierten, schoss tschechisches Militär auf sie. 54 Tote und hunderte Verwundete wurden auf diese Weise die ersten Blutzeugen des Ringens der Sudetendeutschen um ihr Selbstbestimmungsrecht und ihren Verbleib bei Österreich.

Im Bild die Stadt Kaaden, wo 1919 zahlreiche sudetendeutsche Opfer zu beklagen waren

Der Friedensvertrag von St. Germain vom 10.9.1919 sanktionierte das Unrecht der Einverleibung sudetendeutscher Gebiete in die Tschechoslowakei. Eine auf die Entnationalisierung des Sudetendeutschtums gerichtete Regierungspolitik unter Edvard Beneš ließ die Spannungen in den folgenden 20 Jahren fast unerträglich werden und trieb die Sudetendeutschen in späterer Folge in die Arme Hitlers. Die Sprachenverordnung 1928 führte zur Entlassung von 40 bis 70 Prozent der Sudetendeutschen aus Post, Polizei, Bahn, Heer und öffentlicher Verwaltung. Diese Posten wurden nun mit Tschechen besetzt, die dazu im deutschen Sprachgebiet neu angesiedelt wurden. Die Wirtschaftskrise, die gezielte Benachteiligung bei der staatlichen Auftragsvergabe und weitere tschechische Schikanen leiteten eine Radikalisierung ein, die nicht mehr zu bremsen war und es Hitler ermöglichte, sich als großen Retter aus dieser scheinbar ausweglosen Situation zu präsentieren.

Die Unterzeichner des Münchner Abkommens vom 29. September 1938: (v.l.n.r.) Chamberlain, Daladier, Hitler, Mussolini

Auf dem Höhepunkt der damaligen Sudetenkrise forderten und erreichten England und Frankreich 1938 von der Tschechoslowakei die Abtretung der Sudetengebiete an das Deutsche Reich, das damals bereits Österreich okkupierte. Die Abtretung entsprach dem Vorschlag des damaligen Vermittlers im Nationalitätenstreit, des britischen Lords Runciman, und wurde am 21.9.1938 von der CSR widerwillig akzeptiert. Das folgende „Münchner Abkommen" regelte als scheinbare späte Erfüllung des Selbstbestimmungsrechtes nur die Durchführungsbestimmungen.
Dem anfänglichen Jubel der Befreiung vom tschechischen Joch folgte schrittweise eine Ernüchterung, die ihren Höhepunkt am 15.3.1939 erreichte, als deutsche Truppen die tschechischen Gebiete besetzten.

Die Vertreibung

Nach Ausbruch des Zweiten Weltkrieges wurde in London unter der Führung von Edvard Beneš zuerst ein tschechoslowakisches Nationalkomitee und im Juli 1940 eine provisorische Regierung gebildet. In der Folge erklärte die britische Regierung mehrmals das Münchner Abkommen für null und nichtig. Beneš rühmte sich in seinen Memoiren, dass er den Vertreibungsplan bereits vor dem Krieg gefasst habe. 1941 spricht er sich schließlich öffentlich für eine Umsiedlung der Deutschen aus einer künftigen Tschechoslowakei aus. 1943 stimmten zuerst die Sowjetunion und anschließend der amerikanische Präsident Roosevelt diesem Plan zu.

Nach der Unterzeichnung des Beneš-Stalin-Vertrages am 12. Dezember 1943; (v.l.n.r.): Woroschilow, Kalinin, Stalin, Beneš

Sudetendeutsche müssen ihre Heimat verlassen

Nun wurden die ersten Vorbereitungen für den „Transfer“ der Sudetendeutschen - ein Begriff, der erstmals vom sowjetischen Außenminister Molotow 1942 verwendet wurde – getroffen.

Nach Kriegsende gab als erster der stellvertretende tschechische Ministerpräsident Gottwald am 11.5.1945 eine öffentliche Erklärung bezüglich des „Abschubes“ der Deutschen ab, und Beneš verkündete einige Tage später: „Unser Wahlspruch wird sein, dass wir unser Land von allem Deutschen kulturell, wirtschaftlich und politisch reinigen müssen.“ In einer Reihe von Dekreten wurden die Deutschen entrechtet, ihr Vermögen als beschlagnahmt erklärt und die Vertreibung angeordnet.

Gleich nach der Kapitulation setzte die Verfolgung der Deutschen ein. Unbeschreibliche Grausamkeiten wurden dabei begangen. Mehrere zehntausend Sudetendeutsche starben während der Vertreibung an Hunger, Entkräftung und den Folgen von Misshandlungen in den tschechischen Konzentrations- und Aussiedlungslagern oder aufgrund von Todesurteilen illegaler Volksgerichte am Galgen, sowie auf den Straßen nach Österreich und Deutschland, oder kurz nach Überschreitung der neuen Grenzen. Besonders hoch ist darunter die Zahl jener Frauen, die nach Vergewaltigungen oder dem Tod ihrer Familienangehörigen, besonders der Kinder, durch Selbstmord aus dem Leben schieden. (Anm.: Die Zahlen der sudetendeutschen Vertreibungstoten schwanken je nach Untersuchungen, wobei das ehemalige Vertriebenenministerium eine Opferzahl von bis zu 240.000 angab.) Bereits vom Mai 1945 bis Juli 1945 (die so genannte „wilde Vertreibung“) wurden Hunderttausende buchstäblich aus dem Lande gejagt, danach folgte die systematische ethnische Säuberung: Ort für Ort wurden alle deutschen Einwohner in Lagern konzentriert und von dort einem bis Ende 1946 nicht abreißenden Strom von Eisenbahntransporten nach Deutschland und Österreich abgeschoben. Bis auf einen kleinen Rest von etwa 200.000 Menschen, die als Berg- oder Facharbeiter, oder für die Aufrechterhaltung der Infrastruktur in den von Sudetendeutschen bewohnten Gebieten unentbehrlich waren, mussten alle Deutschen ihre Heimat unter Zurücklassung ihres gesamten Besitzes und unter menschenunwürdigen Bedingungen verlassen. Das ihnen geraubte Nationalvermögen beträgt nach heutigem Wert mehr als siebzig Milliarden Euro.

In den ersten Jahren lebten viele Heimatvertriebene in Barackenlagern. Erst ab den frühen 1950er Jahren wurden Wohnbauprogramme entwickelt und gefördert.

Für die Vertreibung gibt es drei Hauptgründe: Das Verlangen der Nationalisten in der Tschechoslowakei, einen tschechoslowakischen Nationalstaat zu schaffen, die vorangegangene Aggressionspolitik und somit Wegbereitung durch Hitler und die Absicht Stalins, Millionen Ost- und Sudetendeutsche in das restliche Deutschland und nach Österreich zu pferchen, um dort ein soziales Chaos zu schaffen, das die Vorstufe zu einer kommunistischen Machtergreifung sein sollte.

Über Hilfsorganisationen aus der Schweiz, den USA und England wurden die Heimatvertriebenen mit Kleidung versorgt. Die Verteilung erfolgte über die Zentralberatungstellen der Heimatvertriebenen.

Die Vertriebenen brachten aber kein Chaos, sondern bildeten ein stabiles Element, das wesentlich zum Aufbau des demokratischen Gemeinwesens in Österreich und in der Bundesrepublik beitrug.

Die Beneš-Dekrete, mit denen die Sudetendeutschen entrechtet wurden

Dekret Nr. 5 vom 19. Mai 1945 über die Ungültigkeit einiger vermögensrechtlicher Rechtsgeschäfte aus der Zeit der Unfreiheit und über die nationale Verwaltung der Vermögenswerte der Deutschen und Magyaren, der Verräter und Kollaboranten und einiger Anstalten und Organisationen

Dekret Nr. 12 vom 21. Juni 1945 über die Konfiskation und beschleunigte Aufteilung des landwirtschaftlichen Vermögens der Deutschen, Magyaren, wie auch der Verräter und Feinde des tschechischen und slowakischen Volkes

Dekret Nr. 108 vom 25. Oktober 1945 über die Konfiskation des feindlichen Vermögens und die Fonds der nationalen Erneuerung

Zu den weiteren Konfiskationsbestimmungen gehörten auch folgende Dekrete:

Dekret Nr. 50 vom 11. August 1945 über Maßnahmen im Bereich des Films

Dekret Nr. 100 vom 24. Oktober 1945 über die Nationalisierung der Bergwerke und einiger Industriebetriebe

Dekret Nr. 102, § 3 vom 24. Oktober 1945 über die Nationalisierung der Aktienbanken

Dekret Nr. 103, § 19 vom 24. Oktober 1945 über die Nationalisierung privater Versicherungsanstalten

Dekret Nr. 101, § 7 vom 24. Oktober 1945 über die Nationalisierung einiger Betriebe der Nahrungsmittelindustrie

Gesetz vom 6. Mai 1948 über die Liquidierung der Rechtsverhältnisse der deutschen Evangelischen Kirche in Böhmen, Mähren und Schlesien

Dekret zur Ab- und Anerkennung der Staatsbürgerschaft

Dekret Nr. 33 vom 2. August 1945 über die Regelung der tschechoslowakischen Staatsbürgerschaft der Personen deutscher und magyarischer Nationalität

Bestimmungen zur Zwangsarbeit und Bestrafung

Dekret Nr. 71 vom 19. September 1945 über die Arbeitspflicht der Personen, welche die tschechoslowakische Staatsbürgerschaft verloren haben

Dekrete Nr. 16 vom 19. Juni 1945 (Große Retributionsdekrete) über die Bestrafung der nazistischen Verbrecher, der Verräter und ihrer Helfer und über die außerordentlichen Volksgerichte

Dekrete werden Gesetz und die tschechoslowakische Amnestie

Am 28. März 1946 wurden durch das Verfassungsdekret Nr. 57 alle bisherigen Dekrete und Verfassungsdekrete durch die Provisorische Nationalversammlung der Tschechoslowakei rückwirkend bestätigt und zum Gesetz erklärt. Am 8. Mai 1946 wurde dann das Straffreistellungsgesetz Nr. 115 verabschiedet, das besagte, dass strafbare Handlungen, die zwischen dem 30. September 1938 und dem 28. Oktober 1945 an (Sudeten-)Deutschen verübt wurden, dann nicht widerrechtlich waren, wenn sie dem Kampf um Wiedergewinnung der Freiheit der Tschechen und Slowaken gegolten haben.

Die sudetendeutschen Heimatvertriebenen und ihre Aufnahmeländer

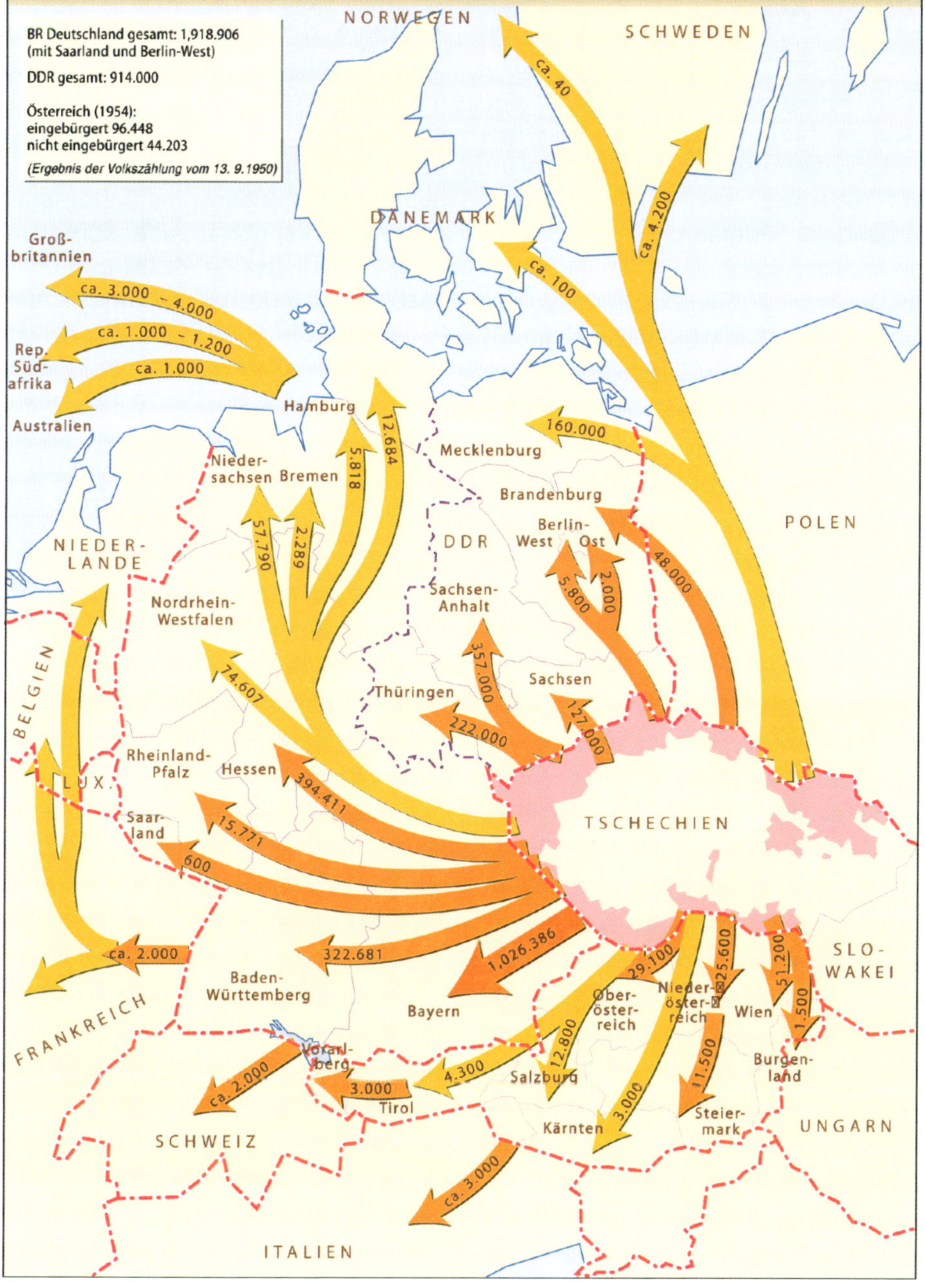

Die Sudetendeutsche Landsmannschaft in Österreich (SLÖ)

Die SLÖ ist überparteilich und gliedert sich in einen Bundesvorstand und in Landesverbände in Kärnten, Oberösterreich, Salzburg, Steiermark, Tirol sowie Wien, Niederösterreich und Burgenland und überdies der „Thaya", einem Verband der Südmährer.

Die Landesverbände bestehen aus Heimatgruppen der regionalen Herkunft, aber auch überregionalen Gliederungen, in denen das eigene kulturelle und geistige Erbe gepflegt wird. Die Mitglieder stammen aus allen sozialen Schichten, Altersklassen und Konfessionen, auch wenn nicht alle sudetendeutscher Herkunft sind.

Bedeutende Sudetendeutsche

Im Laufe der Jahrhunderte leisteten Sudetendeutsche Wesentliches nicht nur für Österreich, das immer ihr Hauptbezugspunkt war. So sollen einige namentlich erwähnt sein: Der Bauernbefreier Hans Kudlich, die Bundespräsidenten Karl Renner, Theodor Körner und Adolf Schärf, der Bundeskanzler Julius Raab und Landeshauptmann Siegfried Ludwig, Kardinal Theodor Innitzer, Berta von Suttner, die Konstrukteure Ferdinand Porsche, Josef Ressel und Viktor Kaplan, die Dichter Adalbert Stifter, Franz Kafka, Marie von Ebner-Eschenbach, Rainer Maria Rilke, der Komponist Franz Schubert, die Architekten Adolf Loos, Josef Olbrich und Josef Hoffmann, die Wissenschafter Gregor Mendel und Hans Kelsen.

Die SLÖ-Bezirksgruppe Freistadt mit Obmann HR Walter Vejvar vor einem sudetendeutschen Denkmal in Freistadt

Das Denkmal zu Ehren des Schöpfers des „Böhmerwaldliedes" Andreas Hartauer in Freistadt

Die erste Gedenkreise zu den Sudetendeutschen in Tschechien - *Etappe 5*

Datum: 13. bis 14. März 2006 und
27. bis 28. März 2006
Distanz: 1.275 km bzw. 728 km

Teilnehmer:
NR Ing. Norbert Kapeller (ÖVP)
NR DI Werner Kummerer (SPÖ)
NR Mag.a Terezija Stoisits (Die Grünen)
NR Anton Wattaul (BZÖ)
Gerhard Zeihsel (Bundesobmann SLÖ)
Mag. Dr. Peter Wassertheurer (VLÖ)
Claus Bruckmann (ORF)
David Man (ORF, Kamera)
Harald Hartl (Parl. Mitarbeiter)

Reiseprotokoll

12. März 2006

Die Delegation fuhr am Nachmittag von Wien nach Freistadt, wo Sie von Abg.z.NR Ing. Norbert Kapeller begrüßt wurden, der auch das Rahmenprgramm für diesen Abend organisiert hatte.

13. März 2006

Die Delegation brach am frühen Morgen von Freistadt Richtung Tschechien auf, wo das erste Reiseziel Lidice kurz vor Mittag erreicht wurde. An der dortigen Gedenkstätte traf die Delegation mit Milouš Cervencl (Direktor der Gedenkstätte Lidice), Vaclav Zelenka (Bürgermeister von Neu-Lidice) und Mag. Clemens Mantl, dem Gesandten der österreichischen Botschaft in Prag, zusammen.

Bild(montage): SS-Heydrich und die Opfer von Lidice

Am Hauptgrab, dort wo 1942 nach der Ermordung des stellvertretenden Reichsprotektors Reinhard Heydrich die 172 männlichen Einwohner von Lidice hingerichtet worden waren, legten die österreichischen Parlamentarier im Gedenken an die Opfer einen Kranz nieder. 150 Meter entfernt vom Hauptgrab befinden sich die „Kinderstatuen von Lidice“, die an die 82 getöteten Kinder aus Lidice erinnern.

Kranzniederlegung in der Gedenkstätte Lidice

Kranzniederlegung auf der Elbebrücke in Aussig

Bilder oben: Das Kindermahnmal in Lidice

Der Aussiger Bürgermeister, der aus Zeitgründen nicht persönlich anwesend sein konnte, ließ eine Broschüre, die in deutscher Sprache die grausamen Ereignisse in Aussig behandelt, an die österreichische Delegation verteilen.

Später wurde die Fahrt nach Reichenberg/Liberec fortgesetzt, wo am Abend eine Besprechung mit Vertretern vom Verband der Deutschen in der Region Reichenberg im Begegnungszentrum veranstaltet wurde.

Nach diesem Gedenken erfolgte die Weiterfahrt nach Aussig, wo die Delegation am Nachmittag eintraf und dort der Opfer vom 31. Juli 1945 gedachte. Dort war es an diesem Tage auf der Elbebrücke zu einem schrecklichen Massaker an der sudetendeutschen Bevölkerung gekommen. Der Gedenkkranz des Parlaments der Republik Österreich wurde bei der 2005 errichteten Gedenktafel auf der Elbebrücke niedergelegt.

Im Begegnungzentrum Reichenberg

An diesem Treffen nahmen der Obmann des Verbandes, Lothar Porsche, und der Oberbürgermeister von Reichenberg, Jiri Kittner, teil. Bgm. Kittner berichtete den österreichischen Abgeordneten über die Geschichte Reichenbergs und stellte eine neue Broschüre zu Reichenberg vor, die neben Tschechisch und Englisch auch in deutscher Sprache veröffentlicht wurde. Die Abgeordneten nutzten die Möglichkeit im Reichenberger Begegnungszentrum, um sich über die Lage der deutschen Minderheit in Tschechien zu informieren.

Das Mahnmal im Gedenken an jene Opfer, die 1968 im Rahmen ihres Protestes gegen den Einmarsch sowjetischer Truppen getötet wurden.

Das Rathaus von Reichenberg - errichtet vom Wiener Architekten Franz Ritter von Neumann

14. März 2006

Die Delegation reiste am Morgen nach Prag ab, wo ein Gesprächstermin im Regierungsamt mit tschechischen Politikern geplant war, die wie folgt repräsentiert waren: Svatopluk Karasek (Regierungsbeauftragter für Menschenrechte), Katerina Jacques (Leiterin des Sekretariats des Regierungsrates für Menschenrechte), Andrej Sulitka (Leiter des Sekretariats des Regierungsrates für Minderheiten). Die österreichische Abordnung wurde von Frau Botschafterin Dr. Margot Klestil-Löffler und Mag. Clemens Mantl begleitet.

Prag

Später erfolgte ein Gesprächstermin im Senat, wo für den Ausschuss für Bildung, Wissenschaft, Kultur, Menschenrechte und Petitionen von tschechischer Seite der Vorsitzende Mgr. Václav Jehlicka, der Vizevorsitzende Prof. Ing. Jan Hálek und Senator Mgr. Zdenek Bárta teilnahmen. Dieser Besprechung folgte ein weiterer Termin im Abgeordnetenhaus mit Vertretern des Petitionsausschusses.

Details zu den Gesprächen

Die erste Unterredung wurde mit dem Regierungsbeauftragten für Menschenrechte, Svatopluk Karásek, geführt. Karásek, selbst Dissident und Mitglied der Charta 77 gewesen, sagte eindeutig, dass die Vertreibung der Sudetendeutschen Unrecht war und dass die Interessen dieser anerkannt werden sollen. Daran anschließend formulierten die Senatoren Mgr. Zdenek Bárta und Mgr. Václav Jehlicka, Vorsitzender des Menschenrechtsausschusses im tschechischen Senat, dass die Wiedererkennung der eigenen Vergangenheit in Tschechien schwierig und in dieser Sache nicht abgeschlossen sei. Der Senat habe einen Gesetzesvorschlag beschlussfertig, mit welchem das Straffreistellungsgesetz mit Kriegsende 1945 begrenzt werden solle.

Der letzte Gesprächstermin fand mit Mitgliedern des Petitionsausschusses im tschechischen Parlament statt. Unprotokollarisch und freundschaftlich erörterten die Abgeordneten die Problematik der Beneš-Dekrete und des Straffreistellungsgesetzes. Die Vorsitzende dieses Ausschusses, Zuzka Rujbrová (KSÈM), sagte nach anfänglichem Zögern zu, dass nach der Wahl des tschechischen Parlaments im Juni 2006 diese Thematik in Form von gemeinsamen Sitzungen weiter behandelt würde. Allen Aussagen der tschechischen Kollegen war gemeinsam, dass die Vertreibung der Sudetendeutschen als Unrecht verstanden wird, aber die Zeit für eine gerechte Aufarbeitung erst kommen müsse. Am frühen Nachmittag besuchte die Delegation noch das sudetendeutsche Kontaktbüro in Prag und trat später die Rückreise nach Wien an.

Im sudetendeutschen Büro in Prag

Die zweite Gedenkreise zu den Sudetendeutschen in Tschechien - *Etappe 6*

27. März 2006

An diesem Morgen begann für die Abgeordneten die letzte Etappe der Gedenkreisen, welche über Brünn nach Nordmähren und Schlesien führte. Am Wege nach Brünn legten die Abgeordneten an der Gedenkstätte in Pohrlitz, nahe der österreichisch-tschechischen Grenze, im Gedenken der Opfer des Brünner Todesmarsches einen Kranz nieder.

Kranzniederlegung in Pohrlitz

Am später Vormittag traf sich die Delegation mit Vertretern der deutschen Minderheit in Brünn, unter anderem mit Frau DI Dora Müller, der Vorsitzenden des Deutschen Kulturverbandes der Region Brünn. In einer sehr interessanten und thematisch umfangreichen Ansprache informierte Frau Müller die österreichischen Abgeordneten über die Geschichte der deutschen Volksgruppe in der Tschechoslowakei nach dem 2. Weltkrieg, über die sudetendeutsche Sozialdemokratie im 19. und 20. Jahrhundert und über die bewegte Vergangenheit der deutschen Kultur in Brünn.

Im Begegnungszentrum Brünn

Nach einem gemeinsamen Mittagessen in Brünn machten sich die österreichischen Parlamentarier auf den Weg nach Mährisch-Schönberg, wo Günter Ditz, dessen Vorfahren Mährisch-Schönberger waren, gemeinsam mit Walter Sitte, dem Vorsitzenden des Verbandes der Deutschen in Nordmähren und im Adlergebirge, den Nachmittag und den Abend organisatorisch gestalteten. Nach einem Empfang, einem kurzen Stadtrundgang und einem gemeinsamen Abendessen fand anschließend eine Besprechung im Begegnungszentrum statt, an der auch der Mährisch-Schönberger Bürgermeister Zdeněk Brož teilnahm.

Neben Geschichtlichem wurde vor allem über die Situation der deutschen Minderheit in der heutigen tschechischen Republik diskutiert. Auch hier wurde wieder das mangelnde Engagement der Republik Österreich erwähnt.

Das Begegnungszentrum in Mährisch-Schönberg

Zusammentreffen in Mährisch-Schönberg

28. März 2006

Am Morgen fuhr die Delegation nach Troppau, wo Hans Korbel als Vorsitzender des Schlesisch-Deutschen Verbandes die österreichischen Gäste ins Troppauer Begegnungszentrum führte. Dort fand zunächst eine angeregte Gesprächsrunde zur Lage der Deutschen im schlesischen Teil Tschechiens und zu den Erwartungen der deutschen Minderheit an die Republik Österreich statt. Beim gemeinsamen Mittagessen konnte der stellvertretende Bürgermeister von Troppau, Jan Mrázek, begrüßt werden. Vor der Rückfahrt nach Österreich besuchte die Delegation einen christlichen Kindergarten und besichtigte die Troppauer Altstadt.

Blick vom Rathausturm über Troppau

Im Troppauer Begegnungszentrum

Resümée

Wider Erwarten wurde die österreichische Delegation von maßgeblichen Politikern der tschechischen Kammern empfangen. Trotz freundschaftlicher Gespräche konnten keine handfesten Fortschritte über zukünftige Diskussionen offener Fragen der gemeinsamen Geschichte gefunden werden. Die Frage der Beneš-Dekrete und der damit verbundenen Unrechte für die Heimatvertriebenen und Heimatverbliebenen blieb gänzlich offen.

Die verbliebenen Sudetendeutschen klagten unisono über das mangelnde Interesse Österreichs an ihrer Volksgruppe - jedoch gerade mit Österreich verbinde die gesamte Geschichte. Ein vermehrtes Engagement von österreichischer Seite wäre sehr willkommen. Ebenfalls wurde von den Vertretern der Assimilationsdruck angesprochen, da die eigenen Kinder naturgemäß die Sprache und Kultur der Majoritätsbevölkerung annehmen, um berufliche und persönliche Karriere machen zu können. (Hier gibt es entsprechende Parallelen zu den deutschen Volksgruppen in den anderen Ländern.)

Eindrücke über Land und Leute

Für die Reiseteilnehmer war die kulturelle und auch landsmannschaftliche Vielfalt des Sudetenlandes äußerst interessant. Von besten agrarischen Lagen in Südmähren und Schlesien hin zu den großen Industriestandorten der Sudetendeutschen reicht die Palette bis zur kargen, aber waldreichen Natur des Südböhmischen. So unterschiedlich die Landschaften sind, so sind es auch die Menschen. Es war eine interessante Reise in die versunkene Welt der Sudetendeutschen.

Die Beskiden- und die Buchenlanddeutschen

Österreichisch-Schlesien und das Beskidenland

Die Beskidendeutschen

Unter dem Beskidenland versteht man den Raum der mährisch-schlesischen und der westgalizischen Beskiden von der Mährischen Pforte (300m) bis zur Babiagura (1725m) und ihr nördliches Vorland. Es umfasst Teile des Kuhländchens, des ostmährischen-schlesischen Industriegebietes um Ostrau, das Olsaland mit Teschen und die Bielitz-Bialer Sprachinsel. In Ost und West durchflossen von den jungen Strömen der Weichsel und Oder, wird das Gebiet gegen Süden durch den Grenzkamm der West-Beskiden abgeschlossen.

Schon 1225 werden die ersten Deutschen im Teschener Land urkundlich festgestellt. Gerufen kamen die Deutschen ins Land, denn die Landesherren erhofften sich von den deutschen Siedlern reichere Erträge aus Grund und Boden. Die Siedler wirkten als Äbte, Pfarrer, Kapellane und Kastellane, Notare und Münzmeister, Vögte und Bürger. Besonders die regierenden Piasten im

Teschener Land schickten ihre Werber in den deutschen Westen und lockten unternehmungslustige Jungbauern, tüchtige Handwerker, Kaufleute und Ritter mit der Aussicht auf besseres Fortkommen und größeren Freiheiten in ihr Gebiet. Die Siedler gründeten Städte, da der slawische Osten bisher nur Märkte bei den Burgen kannte. Pest und kriegerische Ereignisse, wie der Hussitensturm, verminderten die Bevölkerung. Die Gegenreformation vertrieb glaubenstreue Protestanten und es blieb eine schwache deutsche Oberschicht in den Städten und eine deutsch-freundliche Mischbevölkerung (Schlonsaken und Mährer) auf dem flachen Land.

Das Wappen der deutschen Sprachinsel Bielitz-Biala

Durch den Dreißigjährigen Krieg wurde das Beskidenland schwer geschädigt. Die Gegenreformation nahm nach dem Krieg ihre Tätigkeit wieder auf. Der Jesuitenorden wirkte von Teschen aus durch weitverzweigte Glaubensmissionen. Doch der geheime Protestantismus behauptete sich an zahlreichen Orten. Nach dem Tod der letzten Piastenfürsten 1653 kam Teschen und der mährische Beskidenteil unter die unmittelbare Herrschaft der Habsburger. Mit Beginn des 18. Jahrhunderts kam auch für das Beskidenland eine wirtschaftliche, kulturelle und konfessionelle Verbesserung und viele namhafte Habsburger waren auch Herzöge von Teschen. Beskidenland, diesem Klein-Österreich mit seinem Völkergemisch, seinem vielfältigen Wirtschaftsleben von der Landwirtschaft bis zu den Musterhöfen der erzherzoglichen Kammergüter, von der primitivsten Heimarbeit bis zur höchstentwickelten Kohlen-, Eisen- und Textilindustrie, spiegelten sich alle innerösterreichischen Vorgänge auf engem Raum konzentriert wieder. Noch zu Ende des vorigen Jahrhunderts lebten hier Deutsche, Tschechen und Polen friedlich nebeneinander. Die friedliche Entwicklung im Leben der Menschen im Beskidenland wurde mit dem Ausgang des Ersten Weltkrieges jäh unterbrochen. Das österreichische Armeeoberkommando unter Konrad von Hötzendorf blieb bis 1916 in Teschen. Am Anfang des Krieges hatten die Polen freiwillige Legionen auf Seiten Österreichs aufgestellt - demgegenüber hatten ihnen die Mittelmächte die Wiedererrichtung des Polenreiches versprochen. Nun verlangten sie als Teil des früheren Piastenreiches auch Ostschlesien dazu. Der endgültige Friedensvertrag brachte die Teilung des Landes. Am 28. Juli 1920 wurde das Beskidenland durch den Urteilsspruch der Pariser Botschafterkonferenz entzweigerissen. Ungehört blieb der Vorschlag der „Delegation der deutschen Parteien“ zur Neutralisierung des einheitlichen Wirtschaftsraumes. Autonomieversprechen der ersten Zeit wurden nicht eingehalten. Ein entsprechend großer Assimilationsdruck setzte dem Deutschtum in dieser einst österreichischen Provinz stark zu.

Die anfängliche Begeisterung über die „Befreiung“ am 1. September 1939 durch die deutschen Truppen wich aber bald der Ernüchterung. Die Katastrophe sollte nur zu bald hereinbrechen, denn sie kam im Mai 1945. Das Beskidenland wurde von Ost und West zugleich besetzt. Wer nicht fliehen konnte, wurde ermordet, vertrieben, verschleppt oder in Zwangsarbeitslager gesteckt. Die deutsche Bevölkerung musste für die Untaten der Machthaber des NS-Regimes bitter büßen. Die Beskidendeutschen des Olsalandes haben achtmal ihren Herren wechseln müssen, was jedes Mal mit materiellen Opfern wie Stellenverlust, Arbeitslosigkeit, Geldverlust beim Umtausch usw. verbunden war. Trotz aller dieser Unbilden und Nöte hängen die Deutschen des Beskidenlandes im Geiste immer noch an ihrer verlorenen Heimat. Die wenigen Daheimgebliebenen sind auch nicht untergegangen. Sie leben still und harren der „ethnischen Auferweckung“ in besseren Zeiten.

Die Buchenlanddeutschen

Im Jahre 1775 übernahm Österreich mit der Bukowina ein praktisch herrenloses Gebiet, das nominell zwar Bestandteil des rumänischen Fürstentums Moldau, tatsächlich aber ein unter türkischer Oberhoheit stehendes Gebiet darstellte, denn beide Donau-Fürstentümer, sowohl die Moldau als auch die Walachei, waren der Hohen Pforte in Konstantinopel tributspflichtig.
Die Bukowina - von den Deutschen auch „Buchenland“ gerufen - umfasste eine Gesamtfläche von 10.442 Quadratkilometern. Das Gebiet, das zur Zeit der Landnahme durch Österreich wegen seiner Rückständigkeit und Armut keines anderen Nachbarn Interesse erweckte, entwickelte sich in verhältnismäßig kurzer Zeit infolge des Fleißes der ins Land geholten Siedler und Dank einer hervorragenden Organisation zu einer Oase des Fortschrittes im Osten Europas. So zählte 1775 der fast vollständig unbekannt gewesene Marktflecken Czernowitz 1.390 Einwohner oder 278 Familien. Als Österreich 1918 Czernowitz an Rumänien abtreten musste, hatte diese Stadt schon fast 80.000 Einwohner, wovon 47% bei der Volkszählung im Jahre 1910 „Deutsch“ als Umgangssprache angaben. Bei der letzten österreichischen Volkszählung im Jahre 1910 hatte die Bukowina 794.945 Einwohner, davon waren 34,3% Rumänen, 38,4 % Ukrainer (damals noch Ruthenen genannt), 12% Juden, 9,2% Deutsche und 6% Angehörige anderer Volksstämme, wie Polen, Ungarn, Slowaken, Armenier und Zigeuner.

Deutsche Siedlungsgebiete in der Bukowina

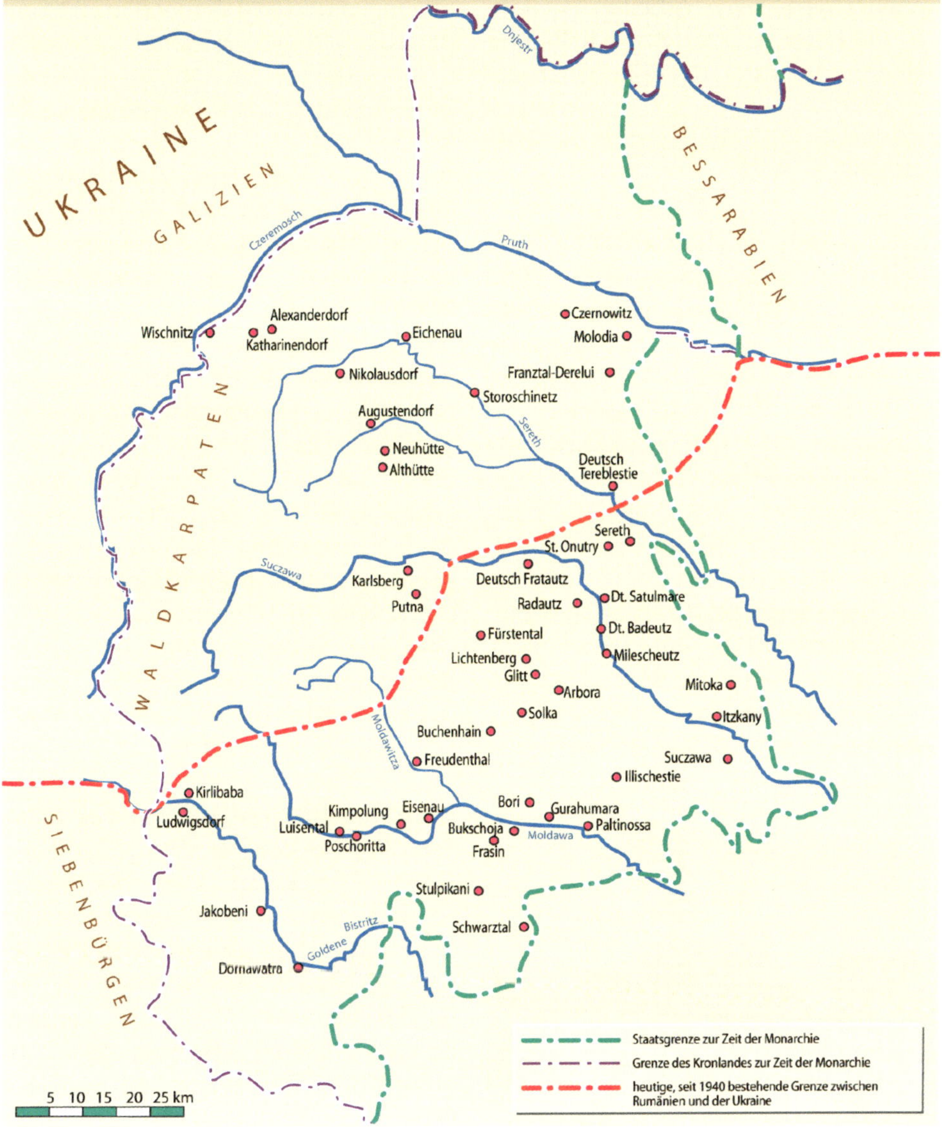

Die Deutschen, von denen die ersten schon im 14. Jahrhundert ins Land gekommen waren, gehörten zu 25,3% dem Bauernstand an, 10,4% waren Handwerker mit landwirtschaftlichem Nebenerwerb, 23,4% Arbeiter, Tagelöhner und Häusler, 17,5% Angestellte und freiberuflich Tätige. Der Glaubenszugehörigkeit nach waren die Deutschen zu 75% römisch-katholisch und zu 25% evangelisch.

Zunächst wurde die Bukowina 62 Jahre hindurch als selbständiger Kreis entgegen dem Willen ihrer Bevölkerung von Lemberg aus regiert. Erst 1849 wurde sie ein eigenes Kronland und verkörperte bis 1918 das östlichste Kronland der Habsburger. 1862 verlieh ihr Kaiser Franz Josef ein ihrem staatsrechtlichen Range entsprechendes „Herzogliches Wappen". 1875 wurde in Czernowitz die Universität mit zunächst drei Fakultäten (Jus, Philosophie und griechisch-orthodoxe Theologie) eröffnet. Czernowitz war damit neben Prag, Wien, Graz und Innsbruck die fünfte Universität des österreichischen Teils der Monarchie.

Czernowitz

Nach der Ausrufung des Deutschen Reiches 1871 durch Reichskanzler Bismarck in Versailles kam es in der Folge zur Gründung der westlichsten deutschen Universität in Straßburg. Dieser national motivierte Vorgang machte auf die damals 12 Millionen Deutsch-Österreicher in der Monarchie einen großen Eindruck. Nun musste man auch in Wien, der damals größten deutschsprachigen Metropole, Überlegungen darüber anstellen, wie man in der österreichischen Reichshälfte des Habsburgerreiches dem Nationalgefühl Rechnung tragen konnte. So kam man auf den Gedanken, der westlichsten deutschen Universität mit der Gründung der Universität eine östlichste entgegenzusetzen. Die Bukowina erlangte ein hohes kulturelles Niveau. Bedeutende Schauspieler und Regisseure waren in der Bukowina tätig. 1905 wurde von den Theaterarchitekten Fellner und Helmer ein Theater mit einem Fassungsraum von 820 Personen und mit einem Kostenaufwand von 600.000 Kronen gebaut – ein Theater, das in seiner Schönheit einzigartig ist.

Hervorragende Gastkünstler wie Maria Fein, Konrad Veit, Paul Wegener, Hans Moser, Paul Kemp, Alexander Moissi, sowie das ganze Ensemble des Theaters an der Josefstadt usw. traten in Czernowitz auf, Paula Wessely, Hans Thimig, Frida Richard, Raoul Aslan und Leopold Demuth spielten ebenfalls dort. Das größte und schönste Bauwerk der Bukowina ist die griechisch-orthodoxe Residenz in Czernowitz, die nach den Plänen des Prager Architekten Josef Hlavka

1863 erbaut wurde. Von Bedeutung sind auch die orthodoxe Kathedrale, erbaut nach Plänen des Architekten Andreas von Mikulicz, dem Vater des berühmten Chirurgen Professor Johannes von Mikulicz (Lehrer des Professors Sauerbruch), das Rathaus und nicht zuletzt das vormalige „Deutsche Haus".

Von 1918 bis 1940 gehörte die Bukowina zu Rumänien. Nachdem Deutschland Ostpolen, Bessarabien und die Bukowina als Interessensgebiet der Sowjetunion anerkannt hatte, erklärte es sich auch mit der Umsiedlung der Auslandsdeutschen aus dem Baltikum, Bessarabien und der Bukowina einverstanden. Am 26. Juni 1940 verlangte die Sowjetunion von Rumänien ultimativ die Abtretung der Nordbukowina und Bessarabiens. So hieß es im Juni 1940 für die Buchenlanddeutschen Abschied von der Heimat zu nehmen, nachdem die Sowjetunion sie besetzt hatte.

100.000 Buchenlanddeutsche wurden umgesiedelt und leben heute verstreut in der ganzen Welt. Nur wenige Tausend leben in Österreich und haben in Linz im „Haus Czernowitz" ein kulturelles Zentrum gefunden, ein Haus, in dem auch die studentischen Traditionen der Universitätsstadt Czernowitz gelebt und gepflegt werden. Die Bukowina kann mit Recht als ein Pan-Europa bezeichnet werden, denn in ihr haben viele Völker mit verschiedensten Religionsbekenntnissen, zumindest bis 1918, friedlich miteinander gelebt. Es ist bezeichnend, dass Protestanten und Katholiken sich gegenseitig geholfen haben, ihre Gotteshäuser zu erbauen. Die Schule stand, gleichsam als Schwester, dicht neben der Kirche. Nöte des Einzelnen waren Nöte der Gemeinschaft.

Der Abschluss im Parlament

Aufgrund ihrer im Rahmen der Gedenkreisen gesammelten Erfahrungen haben die Abgeordneten zum Nationalrat DI Werner Kummerer, Mag.a Terezija Stoisits, Anton Wattaul und Ing. Norbert Kapeller als Resümee der parlamentarischen Reisen zu den deutschsprachigen altösterreichischen Minderheiten in Ostmittel- und Südosteuropa in einem Vier-Parteien-Konzept die Ziele für eine moderne und zukunftsorientierte Politik für Heimatvertriebene und Heimatverbliebene abgestimmt und am 31. Mai 2006 bei der Abschlussveranstaltung zu den Gedenkreisen im Parlament einer interessierten Öffentlichkeit vorgestellt.

Ermöglichte durch sein Wohlwollen und seine Unterstützung die parlamentarischen Gedenkreisen: Dr. Andreas Khol, Nationalratspräsident iR

Die Gäste der Abschlussveranstaltung im Parlament am 31. Mai 2006

Abg.z.NR Ing. Norbert Kapeller, der Initiator der Gedenkreisen

Abg.z.NR DI Werner Kummerer

Abg.z.NR Anton Wattaul

Abg.z.NR Mag.a. Terezija Stoisits

DI Rudolf Reimann, VLÖ

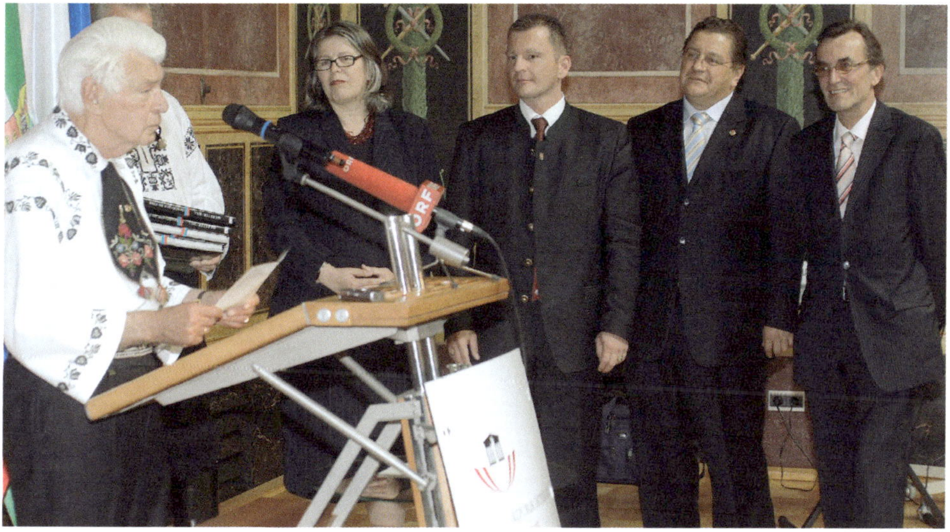
Sprach den Parlamentariern Dank für deren Engagement aus:
Ing. Kurt Schuster von der Landsmannschaft der Siebenbürger Sachsen

Das Vier-Parteien-Konzept

1.

Einrichtung einer internationalen Arbeitsgruppe aus Abgeordneten der Parlamente von Tschechien, Slowakei, Ungarn, Slowenien, Kroatien, Serbien, Rumänien, Deutschland und Österreich zur Aufarbeitung offener Fragen wie z.B.: die Aufhebung der Beneš-Dekrete Nr. 5, 12, 108 (Nationalisierungs- und Enteignungsdekrete) und 33 (Staatsbürgerschaftsdekret), sowie des Straffreistellungsgesetzes Nr. 115 vom 8.5.1946

2.

Restitutionsfragen sind offen

3.

Anerkennung der deutschen Minderheit in Slowenien als autochthone Volksgruppe

4.

Installierung eines Fachreferats für die deutschsprachigen Minderheiten zur projektbezogenen Förderung des Kulturlebens, insbesondere der Jugendarbeit; Organisation österreichischer Lehrkräfte für einen befristeten Aufenthalt; Organisation geförderter Österreich-Aufenthalte und vice versa Landschulwochen österreichischer Schulen beispielsweise in Prag, Budapest und anderen Städten. Information in den Kulturhäusern durch Empfang der ORF- Sender in Bild und Ton, sowie deren Versorgung mit Tageszeitungen und Journalen; Kooperation mit Bürgermeistern, Stadträten, NGOs in Städten mit deutsch-altösterreichischer Geschichte; Förderung und Hilfestellung bei Partnerschaften diverser Art.

Die Zukunftsperspektiven

Die deutschsprachigen altösterreichischen Volksgruppen in Ostmittel- und Südosteuropa kamen entweder wie die Siebenbürger Sachsen bereits im 13. Jahrhundert oder wie die Donauschwaben Ende des 17. Anfang des 18. Jahrhunderts in ihre Siedlungsräume. Immer war die Besiedlungsgeschichte ähnlich. Über all die Jahrhunderte riefen Grundherren, Könige und Kaiser deutsche Handwerker, Bergleute und Bauern zur Kolonisation in ihre entvölkerten, meist wirtschaftlich darniederliegenden Provinzen. Deren Fleiß, Redlichkeit und Fortschrittlichkeit ließ diese Gebiete schnell zur Blüte kommen und machte beispielsweise aus der Pannonischen Tiefebene die Kornkammer und aus Nordböhmen und Nordmähren das Industriezentrum der Monarchie.

Aber gerade auch in kulturellen Bereichen leisteten die deutschen Volksgruppen Enormes. So führte diese Besiedlung zu einem über Jahrhunderte dauernden friedlichen und sich ergänzenden Neben- und Miteinander an diesen Schnittstellen der verschiedenen Nationalitäten. Übersteigerter Nationalismus in Gesamteuropa und ein furchtbarer Rassen- und Eroberungswahn des nationalsozialistischen Deutschlands führte zum Bruch dieser Kontinuität, und endete dann eben in der Vertreibung von über 14 Millionen Deutschen aus ihren Siedlungsräumen in Ost-, Ostmittel und Südosteuropa.

Da man Geschichte nicht umschreiben kann und Wahrheit nicht teilbar ist,[1] müssen Österreich und Europa ihre Aufgaben sehen und auch wahrnehmen. Bei den heimatverbliebenen Deutschen und deutschsprachigen Altösterreichern handelt es sich um eine europäische Minderheit. Keine andere Volksgruppe ist auf so viele europäische Staaten aufgeteilt. Die baltischen Staaten, die russische Enklave Königsberg, Polen, Tschechien, Slowakei, Ungarn, Rumänien, Bulgarien, Slowenien, Kroatien und Serbien haben eine deutsche Minderheit.

Es geht darum, diesen autochthonen Minderheiten den richtigen historischen und kulturellen Stellenwert zu geben. Ein befriedetes und vereintes Europa muss sich auch um den Erhalt dieses historischen und kulturellen Erbes annehmen. Die deutschen Minderheiten könnten gerade das Verbindungs- und Integrationsglied innerhalb der Union sein – vor allem auch zwischen den zuletzt beigetretenen und den „alten" EU-Staaten.

Nicht homogene Nationalstaaten sondern ein Europa der Vielfalt kann helfen, Europa europäischer zu machen. Die Konservierung und Absicherung der deutschen Minderheiten und deren Kulturgüter kann dazu einen wesentlichen Beitrag leisten. Auf europäischer Ebene muss diese Thematik behandelt und abgehandelt werden, will man Ängste und Revanchismus hintanhalten. Historisch tradierte Ressentiments könnten abgebaut und endgültig beseitigt werden. Die Entwicklung des deutsch-französischen oder französisch-deutschen Verhältnisses sollte Vorbild für dieses Zusammenwachsen sein.

Die gemeinsame Erarbeitung dieses Siedlungsraumes, der historisch sehr belastet ist und auch aufgrund offener Fragen belastend in die Zukunft wirkt, sollte Gegenstand der Union werden. Es wäre eine spannende und zukunftsträchtige Arbeit, welche einen wichtigen Teil zur Integration innerhalb Europas und ihrer Bürger beitragen könnte. Das einst Verbindende und gegenseitig Befruchtende sollte gefördert und ausgebaut werden. Die deutschen Minderheiten sollten in ihrer Gesamtheit als Brückenbauer zwischen Ost und West, zwischen neuen und alten EU-Ländern und zwischen Ärmer und Reicher fungieren. Die ethnische Verfransung sollte genutzt werden, um Europa gezielt zu stärken.

Neben der geschichtlichen Aufarbeitung dieses Raumes und einer Stützung der deutschen Minderheiten und dem Erhalt des kulturellen Erbes, sollte es vor allem zu Schüler- und Lehreraustauschprogrammen kommen. Denkbar wäre, Landschulwochen gezielt zu fördern, die die Hauptstädte dieser neuen EU-Länder und solche Siedlungsräume als Ziel haben. Projektarbeiten, Schulpartnerschaften und Vereinspartnerschaften (beispielsweise Musikkapellen) sollten besonders gefördert werden, weil hier für gelebte Partnerschaften noch immer Förderungsbedarf besteht.

Die zukunftsträchtige Aufarbeitung dieses Raumes in Ostmittel- und Südosteuropa könnte für die Millionen Heimatvertriebenen, für die hunderttausenden Verbliebenen, heute die deutschen Minderheiten bildend, und für die seit der Vertreibung in diese Gebieten wohnenden Neusiedler fruchtbringend, versöhnend und abschließend wirken. Andererseits könnten dann vorurteilsfrei die Synergien dieser ethnischen Verfransungen genutzt werden. Europa würde ein Stück humaner werden und in den Herzen zusammenwachsen.

Die politische Bewertung

Der politische Wert der parlamentarischen Gedenkreisen ist zweidimensional zu bezeichnen:

1. Für die Minderheiten

2. Für die realen politischen Verhältnisse

Für die Minderheiten

Unisono waren die Vertreter der deutschsprachigen altösterreichischen Minderheiten in allen bereisten Ländern vom Engagement und der Artikulierung einer Verantwortung der Republik Österreich für die Minderheiten begeistert. Andererseits wurde aber allerorts auch beklagt, dass es über 60 Jahre keine solchen historisch zu bezeichnenden Gesten der Verantwortung gegeben hat. Unmittelbar nach der Wende 1989 orientierten sich diese Minderheiten ausschließlich an Deutschland, weil die Bundesrepublik den Schutz und die Unterstützung für alle Volksdeutschen grundrechtlich verankert hatte. So wurde der offizielle Besuch, vor allem aber die Geste gegenüber den Opfern von Entrechtung und Vertreibung durch die Kranzniederlegungen als Beginn eines Paradigmenwechsels in der österreichischen Politik gewertet. Voraussetzung für die Weiterentwicklung einer guten Beziehung Österreichs zu den deutschsprachigen Altösterreichern in diesen Ländern ist die Stärkung des Österreichbewusstseins. Emotionell ist dieses erhöhte Engagement Österreichs für das Fortbestehen der Minderheiten von besonderer Bedeutung. Für diese Altösterreicher hat Österreich so etwas wie eine Schutzmachtfunktion inne.

Für die realen politischen Verhältnisse

Wider Erwarten haben uns in allen Ländern namhafte politische Vertreter empfangen und das oft sehr belastete Thema Vertreibung diskutiert. Lösungen wurden leider nicht angesprochen, aber Österreich setzte damit ein Zeichen, dass eine Klärung offener Fragen erwartet wird.

Grundsätzlich war es der Start eines Dialoges, welcher gerade in Tschechien und der Slowakei hinsichtlich der Beneš-Dekrete und in Slowenien hinsichtlich der Anerkennung der Untersteirer und Gottscheer als autochthone Minderheit gepflegt und weitergeführt, aber auch eingefordert werden muss.

Die Aufgabe der Vertriebenensprecher der Parlamentsparteien ist es, diesen Dialog in gut nachbarschaftlicher Manier voranzutreiben und immer wieder einzufordern.

Persönliche Gedanken

von Abg.z.NR Ing. Norbert Kapeller

Wer 1970 geboren wurde, somit mit der Gnade des Nachgeborenen ausgestattet ist, bewertet sicherlich distanzierter, auch wenn man sich dem Vertreibungsschicksal familiär und persönlich sehr verbunden fühlt.

Man weiß um das Leid, um das Schicksal, die Heimat zu verlieren, denn es ist nichts unwiederbringlicher. Man weiß aber auch um den Willen zu überleben und neu zu beginnen. Mit den Ereignissen auf dem Balkan Anfang der 1990er wurden zum ersten Mal öffentliche Parallelen zwischen den ethnischen Säuberungen im ehemaligen Jugoslawien und Flucht und Vertreibung von etwa 14 Millionen Deutschen am Ende des Zweiten Weltkrieges wahrgenommen.[1]

In der Öffentlichkeit war darüber Jahrzehnte lang geschwiegen worden - jetzt entwickelt sich in den Medien eine breitere Auseinandersetzung. Ebenso wird der Begriff „Heimat" im 21. Jahrhundert immer bedeutender. Galt doch in den 1960er und 1970er Jahren der Begriff als „verblassender Wert .... aus abgelebten Tagen mitgeschleppt." Im Zweifel war man lieber Europäer, Kosmopolit oder Teil der 68er-Protestgeneration, als sich zu einer Region oder gar Landsmannschaft und Heimat zu bekennen. „Heimat" das klang nach Trachtentanz und Schlesiertreffen, nach den Dirndl- und Almrausch-Klischees der Nachkriegs-Heimatfilme, es wurde zum Synonym für Provinzialität und reaktionäre Gesinnung.[2]

Diese nun stattfindende Diskussion verdeutlicht, dass in den 1960er Jahren, wo beispielsweise jeder fünfte bundesdeutsche Bürger ein Flüchtling oder Vertriebener[3] war, die Ereignisse von Flucht und Vertreibung, der Verlust von Heimat in Vergessenheit geraten waren bzw. man wollte vergessen.

Die Vertreibung der Deutschen war kein singuläres Ereignis in der Geschichte, sondern die Folgen einer Politik, welche Umsiedlung und Vertreibung als ein adäquates Mittel ansah, um nationalstaatliche oder machtpolitische Ziele zu erreichen. Schließlich offenbart und entlarvt der Vergleich mit den Ereignissen auf dem Balkan das Prinzip, welches den Vertreibungen in beiden Fällen zu Grunde lag: ethnisch homogene Nationalstaaten durch Umsiedlung zu schaffen.

Der Ursprung jeder Vertreibung liegt in einem überspannten Nationalismus, im Nationalstaat und im Gedanken der homogenen Nation. Und so geht die Geschichte bis ins 18. Jahrhundert zurück, wo Nationen sich zu definieren begonnen haben, geht über das 19. Jahrhundert der Nationenbildung hinweg ins 20. Jahrhundert, in dem übersteigerter Nationalwahn schlussendlich Millionen von Menschen auf der ganzen Welt zu Flüchtlingen werden ließ und als das Jahrhundert der Flüchtlinge seinen Stellenwert in der Geschichte errungen hat. Ein völkerrechtlicher Grundstein dazu war der Vertrag von Lausanne, in dem am 24. Juli 1923 im Friedensvertrag zwischen Griechenland und der Türkei erstmals Umsiedlung vom Völkerbund vereinbart wurde. Es wurde dies zur lex generalis oder zum Präzedenzfall. Zu solchen langfristigen Faktoren kamen die verbrecherischen Auswirkungen der rassisch begründeten nationalsozialistischen deutschen Eroberungs-, Besatzungs- und Vernichtungspolitik während des Zweiten Weltkrieges. Umsiedlungen waren während des Zweiten Weltkrieges selbstverständliche Instrumentarien europäischer Politik. Der Austausch der Bevölkerung, durch Umsiedlung oder Vertreibung wurde zur Lösung nationaler Minderheitenprobleme von Hitler und Stalin großzügig herangezogen. Besonders das nationalsozialistische Deutschland übte diese Praxis in bis dahin nicht gekanntem Ausmaß aus.

Das bestärkte die alliierten Großmächte, sowie die unterworfenen und besetzten Länder Ostmitteleuropas, in der Auffassung, dass die auf ihrem Territorium lebenden deutschen Minderheiten eine Gefahr für den Bestand dieser Staaten darstellten und daher umgesiedelt beziehungsweise ausgewiesen werden müssten. Schließlich floss in den Entscheidungsprozess für die Vertreibung der deutschen Bevölkerung die veränderte Machtkonstellation in Europa am Ende des Zweiten Weltkriegs ein.[4] Der neuen kontinentalen Supermacht Sowjetunion gelang es, ihren nach Mitteleuropa gerichteten Machtanspruch in wesentlichen Punkten durchzusetzen. Mit den neuen Grenzziehungen waren Bevölkerungsverschiebungen riesigen Ausmaßes verbunden. Seit der Völkerwanderung vor 1500 Jahren hat es in Europa keine Völkerverschiebung solchen Ausmaßes gegeben, wie die Vertreibung von fast zehn Millionen Menschen aus den Gebieten östlich von Oder und Neiße nach 1945.[5] Bereits in den 1950er Jahren sagte der deutsche Bundespräsident Theodor Heuss in einem Interview: „Die Schmach, die Hitler im deutschen Namen über uns brachte, die Untaten, die anderen Völkern angetan wurden, haben einen so glühenden Deutschenhass erzeugt, dass ihn nach diesem Kriege Hunderttausende mit ihrem Leben und Millionen mit dem Verlust ihrer Heimat bezahlen mussten – ebenfalls in unser aller Namen."[6] Dass Vertreibung aber keine befriedeten Nationalstaaten schafft und vor allem unvergängliches Unrecht schafft, schrieb der aller falschen Gedanken erhabene Historiker Hans Rothfels[7], ein 1935 aus Königsberg vertriebener Jude, der im amerikanischem Exil überlebte und schließlich 1949 nach Deutschland zurückkehrte. Er hatte 1946 einen Beitrag über Grenzen und Massenvertreibung in Ostmitteleuropa verfasst. Darin unterzog er das Potsdamer

Abkommen einer schonungslosen Kritik und entlarvte seinen Artikel XIII. als eine Hauptstation der vielen Etappen eines europäischen Irrweges. Er schrieb, dass das gründliche Aufräumen von Churchill zwar einige Probleme löste, neue aber schaffte. Weiter sagt er: Wie auch immer sich diese Politik auf ihre Objekte, also für diejenigen auswirkt, die Haus und Heimat verlieren – ein Segen ist das neuerliche Unrecht selbst für den Sieger nicht. Dass es sich hier aber um das „principium primum" um ein Grundrecht handelt, wie es schon Thomas von Aquin nannte, bleibt anscheinend vielen solange verborgen, solange ihnen selbst eine Heimat in glücklichem und unbedrohtem Zustand zur Verfügung steht.

Heute spricht man wieder von Katyn und auch von den Verbrechen Stalins. Man darf endlich auch die Verbrechen an den Deutschen diskutieren.

Und dennoch offenbart gerade der Vergleich der Umsiedlung und Vertreibung der Deutschen am Ende des Zweiten Weltkrieges mit den ethnischen Säuberungen auf dem Balkan einen Paradigmenwechsel. Damals haben die Siegermächte Umsiedlung, Vertreibung und Flucht selbst gutgeheißen und auch aktiv betrieben, um damit, wie sie meinten, Minderheitenprobleme endgültig zu lösen. Dagegen griff Mitte der 1990er Jahre die internationale Staatengemeinschaft zum Mittel des Krieges, um ethnischen Säuberungen Einhalt zu gebieten und möglichst zu verhindern. Schlossen die Alliierten nach dem Zweiten Weltkrieg die Rückkehr der deutschen Bevölkerung in ihre Herkunftsgebiete aus, so wurde in dem Abkommen von Dayton 1995, das den jugoslawischen Bürgerkrieg beendete, ausdrücklich verfügt, dass Flüchtlinge in ihre Heimat zurückkehren konnten.

Sich der alten Heimat, der Freunde, Nachbarn und der Traditionen, des Lebens von damals zu erinnern, bleibt der Erlebnisgeneration vorbehalten. Die Pflicht der Bekenntnisgeneration ist es, die versunkenen Welten der Eltern und Großeltern nicht dem Vergessen zu überlassen.

Abg.z.NR Ing. Norbert Kapeller

Gründer und leitender Vorstand des Instituts für die deutschsprachigen altösterreichischen Volksgruppen in Ostmittel- und Südosteuropa (IDEA)

Literaturverzeichnis

Vorwort Ing. Norbert Kapeller

[1] Bernd Rill „Böhmen und Mähren – Geschichte im Herzen Europas, Band 2“, Casimir Katz Verlag

Die Zukunftsperspektiven

[1] Dr. Alfred Oberwandling „Der Untergang der Deutschen in Mährisch Ostrau“, im Vorwort von Universitätsprofessor Dr. Reinhard Heinisch

Persönliche Gedanken von Ing. Norbert Kapeller

[1] GEO-Reihe „Flucht und Vertreibung – Europa zwischen 1939 und 1948“, Verlag Ellert & Richter

[2] GEO Oktober 2005, Artikel von Johanna Romberg

[3] Gerhard Reichling „Die deutschen Vertriebenen in Zahlen Teil 1 Umsiedler, Verschleppte, Vertriebene, Aussiedler 1940 – 1985“

[4] GEO-Reihe „Flucht und Vertreibung – Europa zwischen 1939 und 1948“ Verlag Ellert & Richter

[5] GEO-Reihe „Flucht und Vertreibung – Europa zwischen 1939 und 1948“ Verlag Ellert & Richter

[6] Theodor Heuss; geb. 31.1.1884 in Brackenheim, gest. 12.12.1963 in Stuttgart; Politiker; von 1949 bis 1959 erster Bundespräsident der Bundesrepublik Deutschland

[7] Hans Rothfels; geb. 12.4.1891 in Kassel, gest. 22.6.1976 in Tübingen; deutsch-amerikanischer Historiker; 1926 bis 1934 Professor an der Albertina in Königsberg; 1934 wegen seiner jüdischen Abstammung vom Lehrstuhl entfernt – Emigration in die USA; kehrte nach 1951 nach Deutschland zurück; gilt als stark konservativ und antikommunistisch; Mitglied der wissenschaftlichen Kommission für die Dokumentation der Vertreibung der Deutschen in den 1950er Jahren

Sonstige Quellen, sofern nicht anders angegeben: VLÖ, Steingasse 25, 1030 Wien

VÖLKERKARTE von